河出文庫

リセット発想術
常識のほぐし方

小山薫堂

JN072236

河出書房新社

文庫版まえがき

自分の特技の一つは忘却力だと思っている。つまり、忘れる力に長けているということだ。不都合なことも多いが、それよりも幸せな人生を歩む上で忘れる力は役に立つ。哀しみや怒り、憎しみといった感情が芽生《めば》えたとしても、一晩経つとケロッと忘れている。関西では月日の経過が薬代わりになることを「日にち薬」と言うが、効き目の良い日にち薬を体内に備えているようなものだ。そんな自分に突然、河出書房新社の編集担当・藤﨑さんから、8年前に出版した本を文庫版で再発売しませんか?という連絡がきた。当時のタイトルは『じぶんリセット――つまらない大人にならないために』。確かあれは、中学生に読ませるための発想術の本として綴ったもので、それを今さら文庫化したところで、果たして手に取る読者などいるのだろうか?と疑問に思った。

しかし藤崎さんは、「あえて大人にあれを読ませたいのです」と言う。久しぶりに自著のページをめくることにした。こういう時、忘却力が役に立つ。とても新鮮な気持ちでページをめくると、確かに大人の視点で読んでも意外と面白い。そう言えば、放送作家の世界には「小学5年生の頭で考えた企画がヒットする」という伝承がある。大人が考えるような擦れた企みのない発想が、実はいちばん面白いという説である。

そこで本書の読み方を一つご提案したい。中学生のために書かれた本を大人の視点で読むのではなく、中学生の頃の自分に戻った気分で読んでみるのはどうだろう? 人生を重ねて凝り固まってしまった発想をまずは一旦《いったん》リセットし、青春時代のピュアで余白の多い脳に貯《た》め込むようなつもりでページをめくってみるのだ。もしくは、子どもと一緒に読んで、同じ目線で語り合うという使い方も面白そうだ。

ともあれ、本書がきっかけとなり、あなたの脳内で何らかの化学反応が起こり、電光石火の如き閃《ひらめ》きが降ってくることを願っている。

はじめに

子どもの頃、「キリンとゾウが見たい」と親にねだって近所の動物園に連れて行ってもらったことがあります。僕はキリンもゾウも1回見たらすぐに飽《あ》きてしまったのですが、その日ずっと動物園にいて帰ろうとしませんでした。

動物も見ないで何をしていたのか。その動物園のなかに、脚《あし》のキャップみたいなものがひとつだけ外れているベンチがあったのですが、そのせいで座ると「ガタン」となる。僕はこの「ガタン」が面白くて、ずっとそのベンチをゆすって「ガタン、ガタン」と日が暮れるまで遊んでいました。

今になってみると単純ですが、当時の僕にとってはこれがものすごく面白い遊びだったわけです。こういったことはこれから社会に出る人にとっても、社会を動かしている大人にとっても実は大切なことなのではないかと思います。たとえばこの

「ガタン、ガタン」が面白いという感覚に気づくことのできる人が、新しい何かを発見できるのかもしれません。

たったそれだけのこと、ちょっとしたことを「面白い」に変えられる装置を自分のなかに発見すること。それこそが世の中をもっとワクワクした気持ちで生きていくための最良の方法ではないかと、僕は思っています。

放送作家として30年以上、さまざまな番組の企画に携《たずさ》わってきた僕でさえ、「ものの見方にしても価値観にしても、まだまだ自分の想像が及《およ》ばないことがあるな」と反省することがあります。つい先日、お茶菓子をめぐるこんな話を聞きました。

正直言って、それまで、いわゆるお茶菓子を美味《おい》しいと感じたことはあまりありませんでした。どれもこれも、こしあんでつくられていて、練《ね》り切りをいろいろな形にして色をつけて、といった具合なので……。

「もみじの葉っぱ」をかたどったお茶菓子をつくるという企画があったときに、ある日本料理界の巨匠《きょしょう》が、京都の老舗《しにせ》和菓子屋のご主人に「赤い色をつけるのだったらいちごでつけたほうがいい。いちごだったら香りももっと引き立つし、絶対美味しくなるはずだ。なんなら、自分がつくってもいい」と持ちかけました。

ところが、和菓子屋のご主人は「それは違《ちが》う」と答えました。「和菓子は美味し過ぎてはいけない。甘さがあればいい」と言う。どういうことかわからずにたずねてみると、「このもみじの葉っぱのようなお菓子を食べるときに重要なのは、その風景を想像するということ。頭のなかで情景を思い浮かべたり、秋であるというこの喜びを感じたりすることに価値があるのだから、美味し過ぎてはいけないのです」と言うのです。

目先の菓子を味わうことだけではなく、世界を想像することこそが本当の贅沢《ぜいたく》であり、そこに余計な香りが立ったり、ましてや美味し過ぎてしまうと、想像力がにぶってしまうから、甘ければそれでいい――。

深いですねえ。

この話を聞いて、いかに自分自身が「あたり前」に縛《しば》られているか、ものごとの感じ方・捉《とら》え方は決してひとつだけではないということに改めて気づかされました。

この本では、日常の「あたり前」をリセットし、今まで気づかなかった新しい価値を見つけ、ともすれば平凡《へいぼん》でつまらない毎日をちょっとでも面白いものにするヒントをみなさんに受け取ってもらうことを目指しました。

そのためには、みなさんに「常識」のメガネを外してもらわなくてはなりません。

その方法のひとつとして僕がおすすめするのは、「もしも、○○だったら……」という仮定をいろいろな場面に当てはめてみることです。この本でもしばしばこの方法が登場します。

それでは始めましょう。

リセット発想術　もくじ

なぜ「個性」が生まれにくいのか
お客さんの幸せを無視した商品づくり
あったらいいな、こんなコンビニ
コンビニが発想の勉強の場になる
もしも、自転車がパンクしたら……
遠くへ行ってみたい！
最大の才能、それは好奇心
たまには神様にフェイントをかけてみよう！
自転車が人と人とをつなげる

第2章 あたり前の「思い込み」をリセットする！

世の中にセンスのない人はいない！
相手の身になって思う「易地思之」という言葉

ちょっと、ブレイク

第3章 あたり前の「仕事」と「お金」をリセットする！

お金とは、社会の血液のようなもの
お金は拍手である
気持ちのいいお金の使い方とは？
もしも、１万円を無駄遣いできるとしたら……

第４章　あたり前の「生きる」をリセットする！

もしも、人が永遠に死ななかったら……
いのちを粗末にすることはカッコ悪い
いのちをつなぐ言葉の力
ときに言葉は、人生をも変えてしまう
もしも、人生最後の日を迎えるとしたら……
映画を撮って初めて知った不思議な誕生日
「誕生日おめでとう」から「誕生日ありがとう」へ

リセット発想術

第1章

あたり前の「便利」をリセットする！

携帯電話によって「物語」が生まれにくくなった

僕の職業は放送作家です。

「放送作家」とは、テレビやラジオの番組制作における企画や構成を専門におこなう仕事で、「構成作家」と呼ばれることもあります。

そんな僕が、1992年に『5年後』というテレビ番組を手がけたことがありました。「5年後の社会がどうなっているのか」という未来予想を、ややコント形式で展開していくというものでした。

オープニングは、「バブルが崩壊して日本は今、まっ暗闇《くらやみ》のなかにある。たったひとつ明るいニュースと言えば、雅子《まさこ》さんが皇太子殿下《でんか》と結婚することぐらい……」というような感じです。

そこで、毎回いろいろな業界の5年後を予想していくのですが、「携帯電話の5年後」という企画をやったことがありました。小学校の教室に「授業中、携帯電話の電源は切りましょう」という貼《は》り紙をしたり、ランドセルを背負った子どもたちが学校帰りに携帯で電話をしながら歩いているシーンを撮《と》ったことを今でも覚えています。

「きっと5年後はこんなふうになっているであろう」という演出なのですが、実際

は「こんなこと、あるわけないよね」と心のどこかでは笑っていました。今からわ

ずか30年ほど前の話です。

ところがいまや、これは笑い話でも何でもなく、教室はもとより日常のさまざま

な場面で「携帯電話の電源を切りましょう」というのがあたり前のマナーになって

います。また、防犯のために子どもに携帯を持たせようとする親がこんなにも増え

ているわけですが、30年前であれば非現実的な光景だったわけです。

そもそも、携帯がない時代を今の10代の人たちは知らないわけで、生まれたとき

からある「あたり前」のものだとしか思っていないのかもしれません。

でも、ここで考えてほしいのは、携帯がなかった時代には携帯がないがゆえにド

キドキワクワクしたことがあったり、あるいは携帯がなかったからこそ起こり得た

ドラマがたくさんあったということです。

そのひとつが「すれ違い」です。

会う約束をしているのに相手が来ない。そのようなすれ違いを軸《じく》につくられたストーリーがたくさんあったはずです。

人と人とが出会えない――こんなに豊かな物語の源泉はありません。

適当に「何時にどこで」と決めておいて、あとは当日に近くまで行ったらお互いの携帯で連絡し合う、というやり方が難しかった時代には、集合時間にちょっとでも遅れたり、場所がほんのちょっとでもズレていたりすると、「出会えない」事態が頻繁《ひんぱん》に起こっていたので、友人と出かけるときには、事前にちゃんと電話で連絡し合っていました。

初めて行く場所であれば、地図の確認もそう。方向音痴《おんち》な人はそれこそ反対方向に向かっていることもしばしば。知らない場所で道に迷ったときにはもうお手上げです。

携帯電話が存在していなかった時代は、人と会うために今よりずっと厳密に時間や場所を決め、遅刻しないように準備し、相手の状況を想像する必要がありました。

ところが、携帯で簡単に連絡が取れる今の世の中は、その便利さゆえに、どこか気が緩《ゆる》んで適当な行動を取ってしまいがちです。それこそ、物語が生まれにくい時代になっていると言えるかもしれません。

便利であるがゆえに失われてしまうもの

僕が初めて脚本を手がけた映画に、『おくりびと』という作品があります。第81回アカデミー賞外国語映画賞などを受賞しました。

この作品のなかで、人と人とがコミュニケーションをとることの大切さを表現するために、「いしぶみ（石文）[*1]」というものを登場させました。

いしぶみとは、人がまだ文字を持たなかった時代にあった風習です。離れたところにいる人に自分の思いを伝えるためにその思いに似た石を見つけ、旅人に託《たく》し届けてもらうのです。

受け取った相手は、その石を触《さわ》ります。ごつごつしていたり、つるつるしていた

＊1　いしぶみ　人々から想いを託される「石ころ」が語り手の絵本『いしぶみ』（作／黒田征太郎・小山薫堂）もあるので、興味がある人は読んでみるといいかも。

り、平べったかったり、丸みを帯びていたり、重いかもしれない、小さいかもしれない……。そこから相手の気持ちや伝えたいことを想像していました。つまり、単に一方が気持ちを「伝える」ということ以上に、受け取った人が何を考えるのかということが自然と大切にされていた時代だったのです。

それから時は移り変わり、文字ができて手紙が生まれ、思いを言葉で伝えられるようになりました。そして電話が生まれ、どこにいても自由に声をそのまま伝えられるようになりました。

やがて携帯電話が生まれ、電子メール、もっと言うならばラインのスタンプひとつで、たとえばハートマークひとつで簡単に「気持ち」を送ることができるようになった。しかし、このような伝達手段の発達によって、受け取る側の能力がどんどん鈍化《どんか》しているような気がします。

今一度、僕がここで考えてほしいのは、相手の気持ちを「おもんぱかる」ということの意味です。

ハートマークひとつで相手に受け入れてもらえたと思ってしまったり、笑顔の絵文字が届いたら、「あっ、この人はもう笑顔なんだ」と勘違《かんちが》いしてしまう。記号ひとつで、相手の気持ちがすぐにわかる……。まるで自分が魔法使いにでもなったような勘違いをしてしまいそうですが、そんなことで相手の気持ちを知ることができるなら、苦労はいりません。

今、目の前にいない、表情が見えない相手がどんな気持ちでいるのか。相手の気持ちに思いをめぐらす力が、失われつつある時代だと感じます。

確かに、見えない相手の気持ちを想像するのはとても難しいことです。それであれば、やっぱり直接会って顔を見ながら話をするということが大切になってきます。

相手がどう思っているのか、その気持ちを察する「おもんぱかる」ということが、人間だけが持つことのできた本当の意味でのコミュニケーション能力だと僕は考えています。

そういう意味で言えば、携帯電話というものは、人間が持っているものすごく大きな能力を削《そ》いでしまっている道具なのかもしれません。

携帯電話をなくしたから見えたもの

僕の知り合いに、川村元気さんという映画プロデューサーがいます。26歳で企画・プロデュースした映画『電車男』が興行収入37億円を記録した実績を持つ、才能あふれるヒットメーカーです。彼から携帯電話にまつわる、こんな話を聞いたことがあります。

あるとき、仕事先で携帯電話をなくしてしまい、「しまった！」と大慌《おおあわ》てしたそうです。今では必要不可欠な携帯。それをなくしてしまえば誰でも不安になるはずです。

それで、とにかくどこかに電話をしようと思ったわけですが、覚えている電話番号がひとつもない。それこそ、会社の電話番号すらも覚えていない。すべては携帯に登録されているからですね。

「さて困ったな」と思いながら、仕事相手にも連絡がとれないまま、とりあえず、次の打ち合わせ場所に向かうために電車に乗ったそうです。

川村さんの不安な気持ちに追いうちをかけるように、今度は雨が降ってきました。「ああ、傘《かさ》も持っていないし、今日は何て日なんだ」と落ち込んでいると、しばらくして雨が小降りになってきて、ふと外を見たら、ものすごくきれいな虹《にじ》が出ている。「うわあ、きれいな虹だなあ！」と思って、パッと車内を見回したら、全員が携帯に目を落としていて、虹に気づいている人はひとりもいません。

その瞬間、「自分は携帯を持っていることによって、世の中にあるきらきらしたものを見過ごしていたのかもしれない……」と、彼は思ったそうです。そしてこれがきっかけとなり、『世界から猫が消えたなら』[*2]というヒット小説が生まれた。「あのとき携帯をなくさなかったら、虹を見なかったら、虹の美しさに気づかなかったら、その小説はできていなかったんです」と、川村さんはしみじみ言っていました。

＊2　『世界から猫が消えたなら』　余命あとわずかの〃僕〃の前に悪魔が現れ、「世界から何か1つを消すごとに、あなたの命を1日延ばしてあげます」と持ちかけてきた。〃僕〃は生きるためにいろいろなものを世界から消していくが……。ちなみに、〃僕〃が最初に世界から消したのは「電話」。

もちろん、携帯を「今から使わない！」というのはすごく難しいと思うのですが、僕からひとつ、提案したいことがあります。それは、週に1日だけ、「携帯を使わない日」をわざとつくってみる、あるいは1日に数時間、絶対に電源を入れない時間を決めてみる。そんなふうにしてみるのはどうでしょうか？

あらためて携帯の良さやありがたみがわかるかもしれませんし、携帯によって失っていたものを再発見できるかもしれません。

「好き」を伝える年賀状

僕は、みんなが携帯を持つようになったことで、恋愛の仕方にも大きな変化が起こるのではないかと、ちょっと心配しています。聞いたところによると、今では好きな女の子にメールで告白するなんてこともあるようですね。

携帯がなかった頃、家の電話で女の子を呼び出すというのはハードルが高くて、緊張で震《ふる》えるくらいでした。「彼女のお父さんやお母さんが出たら何て言おうか……」などと、それはもうドキドキしたものです。

思い出してみれば、僕たちが子どもの頃というのは、女の子に「好き」を伝える最大のツールは年賀状だったような気がします。まず、気になる子に年賀状を出すか出さないか、というところから始まって、出すにしても「好き」と露骨《ろこつ》に書くわけにはいかないわけで、どうやって「好き」を伝えるか一所懸命考えましたね。

それから、女の子から年賀状が届いたのが両親にバレると恥《は》ずかしいので、元日の朝は家の前でうろうろしながら郵便屋さんを待って、自分宛《あ》ての年賀状だけを抜き取り、部屋でこっそり確かめたものです。「フフフ。あの子から来た」とか……。

現代に生きる男女の間で、携帯でのメールのやりとりが、コミュニケーションの必須《ひっす》ツールなのは仕方のないことでしょう。

10代の初々しいカップルはあまりに恋愛に慣れていなく、お互いに口下手であったりするので、告白さえもメールでするのかもしれませんね。

もちろん、便利なこともたくさんあります。たとえば遠距離恋愛中でなかなか会えなかったとしても、メールであれば距離は関係ないし、相手の都合の良いときに、見てもらうことができるわけですから。

SNSなどのコミュニティで無数の出会いのなかから理想の相手にめぐり会うことも可能になってきました。知り合った男女がメル友から発展して付き合い始めたり、果てには結婚にまで至るケースも結構増えてきているようで、これもやはり携帯が普及したことによる変化なのでしょう。

「携帯」と書いてきましたが、いまはほとんどスマートフォンですね。機能もどんどん増えている。万歩計にもなるし、お財布にもなるし、知りたい情報もたった数秒で手に入れることもできる便利すぎるツールです。

ところが、「便利すぎる」ことで、人はどんどん楽なほうにいっている気がしてなりません。

ラインをやっているとすぐに「既読《きどく》」にならないと不安ですよね。あれが象徴《しょうちょう》的《てき》です。相手が読んだかどうかわからないと気がすまない。つまり、現在は「知らないことがあることへの不安」が増大してきた時代になったと言えそうです。

携帯がない時代には、知らないことがもっともっとたくさんあった。そして、知らないことがあってもそれほど不安じゃなかった。むしろそれを糧《かて》にして新しいことを生み出していたのではないでしょうか。

からっぽな自分にならないために

僕がまだ学生だった頃、あるいは放送作家になったばかりの頃は、わからないからこそ一所懸命努力してそれを知ろうとする「知識欲」のようなものが旺盛《おうせい》でした。

僕が思うのは、今の時代というのは、自分の横に常に外付けハードディスクがあって、そこに知識を溜《た》めているような世の中だということです。携帯電話（スマホ）によって外の知識にアクセスして、知りたいことをいつでも取り出せる状況ですね。情報を「蓄積《ちくせき》する」というよりも、「取り出す」ことに力点があるような感覚です。

つまりそれは、自分のなかがからっぽな状態。いざというときに携帯がなかったり、ネットにつながらなかった場合、その人の価値は低くなってしまいます。そうなることで、どんどん受け身になってしまい、誰かが何か言ってくれないと何も始められず、ついには自分で決断する勇気が持てなくなってしまうのです。

たとえて言うなら、いつも照明を持って暗闇を照らしているから進めていた、その暗闇を照らすものが携帯だとしたら、それを失った人は目の前がまっ暗になってしまい、何もすることができません。

でも、最初から暗闇のなかを携帯に頼らずに歩いている人は、瞳孔《どうこう》が開いていて、闇のなかでもうっすらと周りの状況が見えているので、怖がらずに歩ける……。その違いです。

携帯電話が普及していく方向には、強烈な照明がたかれています。

あらかじめ強い灯りで照らされているために、闇のなかを昼間と同じような気持ちで歩けるようになっているのが、今の世の中です。しかし、その灯りがなくなった瞬間にまっ暗で何も見えなくなってしまう。それが便利なものを手に入れ続けた代償《だいしょう》なのかもしれません。

暗闇の中で立ち往生しないためにも、やはり普段から目を慣らしておかなければならない部分もあるわけで、そういう意味でときどき電源をオフにしたり、携帯をあえて使わない、場合によっては決別をするということを、やってみてもいいのではないでしょうか。

たとえば家族で、「今日は1日、携帯を使わない日を過ごしてみよう」ということとなれば、みんな絶対不安になるはずです。「お父さん、帰ってこないな」とか、「子どもたちは今何をしてるのかな」とか。でも、それゆえに待っている家族に対して「心配しているんだろうな」と思いやることができたり、「今日は早く帰ろうかな」と思うことができるかもしれない。

それはすなわち、いつでもつながっている、あるいはいつでも見えないところでつながっていると思っているためにできていないコミュニケーションがいっぱいあるということです。

本当は、国全体で1年に1度「携帯電話を使わない日」を法律で定めて、それこそ携帯電話会社が「今日はお休みします」という日をつくると、それによってイベントが考え出されたり、家族が一緒に過ごす日というようなものが生まれてきそうな気がして面白いんですけどね。

あるいは、その日だけ通話料、通信料がものすごく高くなるとか。

たとえば、携帯電話の料金が100倍の日。そうすれば、絶対に緊急の場合や大事な用件以外には使わないので、「好きです。結婚してください」とか、とても重大なことを伝えることができるかもしれませんし、その日にかかってきた電話は、忘れられない特別なものになりますよね。

学校では教えてくれないSNSの話

携帯でSNSを利用している人は少なくありません。

SNSでコミュニケーションが簡単にとれるようになった反面、使い方を誤ると人を傷つけてしまったり、または傷つけられてしまったりもします。誰もが使っているからこそ、マナーやルールが極めて曖昧《あいまい》な状態にあるのでしょう。

ネット上のコミュニケーションであっても、人と接するとき、電話で話をするとき、手紙を書くときと同じように、守るべきマナーやルールがある。でも、SNSのマナーやルールは、学校や会社ではあまり教えてくれないことです。

それこそラインもそうですし、フェイスブックやツイッターをやっている人も多いと思いますが、いわゆるネットで情報を発信することに対する問題意識が低いために、「メールで相手を怒らせた」「ブログが炎上《えんじょう》した」など、ネット上のトラブルに巻き込まれる人が後を絶ちません。

そこで、僕が伝えたいことは、「理性」というものです。

走り書きをして送信ボタンを押すのはとても簡単です。深く考えることもなく、衝動《しょうどう》的な怒りにまかせて発言もできる。でも、これってとても怖いことです。

携帯がない時代であれば、怒りにまかせて手紙を書いても、封筒に入れるまでには一旦《いったん》冷静になることができました。

相手の顔が見えないからこそ、自分がそれを書くことによって誰が得をして、誰が損をしているのだろうか。あるいは、誰が喜んで、誰が傷つくのかというところまで考えてから慎重に書かなければいけない。そのために必要なのが理性です。

たとえば、ツイッターは、つぶやきの道具ではあるけれども、思いついたことをそのままつぶやいていいのかな、ということを考えてみてください。

友だちの彼女と会って「わぁ、この子かわいくないなぁ」と思っても口に出して言わないのは理性が働いているからです。でも、ツイッターでは思ったことをそのままつぶやいてしまう人もいます。自分のなかにフィルターを設けずに、何でもかんでも思ったことを外に発信するのは、理性がない証拠です。

以前、タレントの石田純一さんが「教養とは、人を許すためにある。知性とは、人を和《なご》ませるためにある」と、実にうまいことを言っていました。教養や知性は、「何を言ったら相手を傷つけることになるんだろうか」、あるいは「何を言ったら人を理解したことになるんだろうか」ということを教えてくれます。理性ももちろんですが、人それぞれの事情や言動を理解できるような視野を得るために、教養や知性を身に付けていくことも大切です。

つながりの復活

理性を身につけたうえでSNSを活用することができれば、すごくいいことがあるのも事実です。

僕の叔母《おば》は――ずっと前にガンで亡くなったのですが――アメリカ人と結婚してアメリカに住んでいました。僕の従兄弟《いとこ》にあたる、マイケルとジェイスンという子どもたちがいました。ただ、途中で離婚をしてしまって、叔母が亡くなってからは彼らとの連絡もまったく途絶《とだ》えてしまっていたのですが、あるとき、ふと思い立ってフェイスブックで検索してみると、「ジェイスン・スループ」という人が出てきました。そこで、メッセージを送ってみたところ、ジェイスンも送り返してくれて、「おばあちゃんは元気ですか？」というメールが届きました。

それから何度かSNSでやり取りをしていると、彼のお父さん、つまりは僕の叔父《おじ》さんから最近ハマっているという趣味の写真が送られてきました。何と、彼は自宅の庭を日本庭園にしていたのです。僕はそれを見たときに「離婚はしたけれども、きっと魂《たましい》は日本が好きなんだろうなあ」と思い、途絶えていた関係が再び戻ったようで、ちょっと嬉《うれ》しくなりました。

一度離ればなれになったら、なかなか元には戻らないかもしれませんが、でもそうやって絶対に今まではつながることができなかった人間関係が再び結ばれるのは、SNSの素晴らしい力だと思います。

もしも、コンビニがなくなったら……

あたり前の「便利」といえば、コンビニも僕たちの生活になくてはならない便利なものですね。ただ単に商品が売られているだけではなく、その名前の通り、僕たちの生活に「便利」を提供する拠点《きょてん》として進化し続けています。

そこに入るとほっとする自分がいることに気づきます。

それは、なんとなく安全で、なんとなくちゃんとしたものが並んでいて、そして気軽に必要なものが買えるという点で、知らず知らずのうちにコンビニに頼った生活を送っているからなのでしょう。

コンビニにはたくさんの人を呼び込むための工夫がいくつもありますよね。

たとえば、雑誌のコーナーを窓側に配置することで、そこに人を立たせて賑《にぎ》わった感じに見せています。

そして、いざお店に入ってきたお客さんに対しても、その人の動線をいかに長くするかが実によく考えられている。

コンビニでもっとも売れる商品はやはり飲み物です。いちばん奥に飲み物を配置し、次によく売れるおにぎりやサンドイッチ類をその対角線上に設置するなどして、お客さんの動線を長くするための工夫がいろいろとされているわけです。

さらに、あの、コンビニの匂《にお》い。

コンビニの匂いと言えば、和風だしの香りを放つおでんや最近ではコーヒーのいい香りがしますが、匂いは記憶を喚起《かんき》する力がとても強く、幼い頃からの習慣に大きく左右されるそうです。

匂いというのは不思議なもので、形として残すことができないものではあるのですが、その記憶は脳がしっかりと覚えてくれている。この匂いが記憶を呼び覚ます現象を、フランスの文豪《ぶんごう》マルセル・プルースト[*3]の小説の描写にちなんで、「プルースト効果」と言います。

脳みそのなかで、匂いの情報を処理する場所と、感情を司《つかさど》る場所が同じなので、匂いによって感情が呼び覚まされることが起きる、と最近の研究でわかってきているようです。

たとえば、マクドナルドの前を通り過ぎるとき、ポテトを揚《あ》げている匂いをかぐと無性に食べたくなってしまうのも、小さい頃にワクワクしながら食べた記憶が呼

＊3　マルセル・プルースト［1871〜1922］フランスの作家。代表作『失われた時を求めて』のなかに、紅茶にひたしたマドレーヌの香りから、幼少期の記憶がよみがえってくるという場面がある。この作品は超大作なので、若いうちにトライしてみることをおすすめしたい。大人になるととても読み通せない……。

び起こされているからかもしれないですね。

話を戻《もど》しましょう。さて、もしも、コンビニがなくなったら僕たちの生活はどうなるか？

第一に買い物が不便になるということが考えられますが、コンビニに依存《いぞん》している人は、ライフスタイルに大きな影響を受けるのではないでしょうか。

でも、冷静に考えると、僕が子どもの頃というのはコンビニなんてまだ1軒《けん》もありませんでしたし、ようやく町にできたセブン・イレブンにしても、昔は名前の通り、午前7時から夜の11時までしか開いていませんでした。しかし、それがいつの間にか24時間営業があたり前になり、コンビニがなければ僕たちは日々の生活のなかで不安を覚えるようにまでなってしまったのです。

なぜ「個性」が生まれにくいのか

なぜ、コンビニが僕たちの生活になくてはならないものになったのか。

それは、コンビニ各社が時代のニーズとともに、お客さまにとって便利な店になろうという涙《なみだ》ぐましい努力を続けてきた結果に他なりません。

よく売れているおにぎりやお弁当にしても、より美味しくさせるために、定期的に味の向上に努めたり、売れている商品の統計をとって陳列《ちんれつ》を変えたり……。

もちろん、僕にとってもコンビニは便利な場所ではあることに疑いの余地はありません。ですが、これだけ多様化が進んでいても、本当の意味での個性は生まれにくい場になっていると感じることがあります。

京都の「古川町《ふるかわちょう》商店街」というところに1軒、「なんでも屋さん」のようなお店があります。小さな個人商店で、それこそコンビニの半分ぐらいの広さしかないのですが、このお店には見事にいい商品が並んでいます。ある意味セレクトショップのような感じで、その店主のセンスが光る品揃《しなぞろ》えになっていて、欲しいと思えるものがちゃんと置いてあるのです。

たとえば、醬油《しょうゆ》ひとつ取っても「この醬油が好きだから置いてある」という店主の自信や主張がにじみ出ていて、僕の好みにすごく合うなあと思ったことをよく覚えています。

コンビニも、このようにもっと店長の個性が出せる仕組みにしたらいいと思いいま

せんか? 少なくとも、全部が全部同じになっている「あたり前」を一度リセット

し、どこでも、すべてが同じであることのつまらなさについて、考えてみるのはど

うでしょうか。

これはコンビニに限られたことではなく、商店街でも同じこと。

もっと視野を広げれば、世界中の繁華街《はんかがい》にある有名なファッション・ストリート

も同じです。どの国に行っても同じブランドが軒を連ね、空港の免税店《めんぜいてん》も代わり映

えがしません。日本で買うのもニューヨークで買うのもパリで買うのも、さほど違

いがないのです。

NHKの合唱コンクールで、小学生の部の課題曲として、僕が作詞した嵐の『ふ

るさと』が選ばれたことから、この合唱コンクールを広報する番組に携わったこと

があります。

そこで「歌の上手い、きれいな声の人だけを集めても良い合唱にはならない」と

いうことを聞きました。高い声や低い声があったり、きれいな声があればガラガラ

声もあったり、いろんな声が集まってひとつのハーモニーが生まれ、人の心を揺《ゆ》さ

ぶる合唱になるというのです。僕はそれを聞いて、「なるほど」と感銘《かんめい》を受けまし

た。

それはつまり、単にムダを省いたり、利益や効率ばかりを追求してしまうと、個性という光り輝く宝物を見つけることが難しくなってしまうということ。

話を戻しますが、なぜコンビニに個性が生まれにくいのか。

それは、簡単に言えば、限られたスペースのなかで効率（つまり、売上）だけを重視しているからです。売れているものだけを残す、不要なものを取り除く。それによって個性や店主色は消されていきます。

でも、せっかくこれだけの店舗《てんぽ》数があるのですから、店長の個性が光る店や、「こんなの誰が買うんだろう？」という商品が置いてあってもいいと僕は思っています。それは料理にも似ていて、一見必要のないような調味料が混ざっているからこそ、そこに味の深みや奥行きが出てくることがあるといえます。

唐突《とうとつ》ですが、コンビニの棚《たな》に並ぶ商品たちを、自分の友だちに置き換えてみましょうか。

たとえば、好きな人ばかりを自分の周りに集めたとしたらどうなるか？　きっと、自然と似たような性格の人や、モノの考え方をする人ばかり集まってしまうと思います。大人になってから当時を振り返ってみると、そういう人たちは意外と印象に残らないものです。

それよりも、喧嘩《けんか》ばかりしていた友だちや、ちょっと変わっているな、という印象だった友だちのことを、忘れずに覚えていたりします。

そう考えると、コンビニにしても、ただ売れる商品だからという理由でどの店に行っても同じものしか置いていないのは、ちょっとつまらないと僕は思います。

今では高級食材として扱われているトロが、昔は捨てられていたというのは有名な話ですが、他の人が一見不要だと思っているところに価値を求めて、あえて自分のなかに取り込んでみる。それが、普通では味わうことのできない人生の豊かさが生まれるきっかけになるはずです。

お客さんの幸せを無視した商品づくり

僕は以前、コンビニに置かれる商品の開発に携わったことがあるのですが、商品メーカーの開発者たちが「お客さん」に向けて商品をつくるのではなく、「コンビニのバイヤー」に向けてつくっているという印象を強く持ちました。

お菓子を開発する人たちが「面白いな、これはいけるぞ！」と思うものであったとしても、コンビニのバイヤーがくだす決断の良し悪しによって、その商品はお蔵《くら》入《い》りになったり、あるいは発売されたとしても話題にならないまま消えていったりしてしまうことをおそれているのでしょう。

ただ、本来ならばお客さんに美味しいお菓子を届けたいという思いを形にしていくのが、モノづくりの醍醐味《だいごみ》ではないでしょうか。でなければ、どこのメーカーも結局は似たような新商品にたどり着いてしまう。それではもったいないと思いませんか？

商品の価値というのは、いろいろなものがあるからこそいろいろな人のニーズに応えることができ、いろいろな人が面白いと思うからこそ、それが全体として楽しいものになっていくのだと思います。人もこれだけの人間がいて、いろいろな顔や性格の人がいるからこそ、そこに一人ひとりの価値が生まれるわけです。

もちろん、つくりたいものばかりをつくるのは決していいことではないので、ほどよいバランスが必要ですし、たとえば、仕入れの方法をもっと変えられないのかな、と思ったりもします。

すべてを本部から仕入れるのではなく、各店主と商品の生産者とのやり取りがもっと自由にできるようになれば、コンビニはさらに面白い場になるかもしれません。やはり、全部の商品が同じ顔になってしまうということは便利なコンビニであるだけに、もったいない気がします。

あったらいいな、こんなコンビニ

千葉県の森田健作知事が2013年の11月から翌年の3月まで、試験的に千葉県のコンビニの駐車場に警察OBを常駐《じょうちゅう》させたそうです。確かに、コンビニにいつもお巡《まわ》りさんがいてくれたら心強いし、コンビニ強盗《ごうとう》もなくなるかもしれないですね。

こんなふうに、僕はコンビニがもっといろいろな機能を持つと面白いし便利だと思います。

僕がひとつ面白いんじゃないかなと思っているのが、「もしも、街頭テレビ*4がコンビニにあったら……」ということ。

テレビがまだまだ高級品だったその昔、街頭テレビが人気を博しました。そこで、あらためて今の時代にコンビニに街頭テレビを設置して、ひとつの番組をみんなで立って観ることができたなら、そこでコミュニティが生まれるのではないか、という試みです。

コンビニがただ商品を買うだけの場所ではなく、みんなが出会う場、つながる場としての機能を持てたとしたら、何だかワクワクしてきませんか？

たとえば、野球観戦。「コンビニ・パブリックビューイング」というようなカッコいいネーミングで、ヤクルト・スワローズの試合のときはみんなヤクルトを飲みながら応援するとか、その番組を提供しているスポンサーの商品がその時間だけ安くなるとか、きっと面白いアイデアにつながるはずです。

なぜ、このようなことを思いついたのかというと、今の時代というのは、テレビ

＊4　街頭テレビ　テレビ放送の開始は1953年。一般への普及のための作戦として、日本テレビは全国の繁華街の街頭にテレビを設置。とりわけプロレスやボクシング、大相撲などには観衆が殺到した。

にしてもスマホにしてもそうですが、映像や画像を見たりするのも、どんどん「個」の時代になっているからです。でも、野球やサッカーだけでなく、バラエティ番組にしても誰かと一緒に観たほうが楽しいはずです。なぜなら、人の歓声《かんせい》や笑い声というものは、周囲に自然とつられてしまうものですからね。

そしてもうひとつ、「もしも、コンビニが居酒屋だったら……」という企画があってても面白いかもしれません。

僕がいままででいちばん楽しかったコンビニ体験についてお話ししましょう。それは、北海道に行ったときのことでした。

ホテルで食事をしたあと、「ちょっと外に飲みに行きましょうか」という話になりました。ホテルの人が「このあたりには何もないですよ」と教えてくれたにもかかわらず、「いや、きっとどこかあるはず。頑張《がんば》って探します！」と言い張ってスタッフに運転をしてもらって車を走らせたのですが、何十キロ走っても本当に何もありませんでした。

しばらくすると、あるひとつの小さな灯りを見つけ、そこに向かって進むとコンビニが1軒ありました。「酒」という看板があって、「もういい、ここにしよう！」

と言ってそのコンビニに入っていき、店長さんに「ここで飲んでいっていいですか？」とたずねると、「お客さん来ないからいいですよ」と。

そこからは、本当に楽しい時間が始まりました。

棚からビールやおつまみを取って、「はい、ビールとおつまみ」などと言いながら会計をして、しまいには、「店長、おでんちょうだい。じゃあ、これとこれ」なんて言いながらおでんを食べて、結局何だかんだ4時間くらいそのコンビニにいました。それはもう夢のような場所なわけで、コンビニが心地よい居酒屋に変身したのです。

それだけではありません。

僕たちの会話が、ある芸能人の話題になったときです。

「あれ、そう言えばどうなったんだっけ？　あの芸能人。ほら、このあいだ話題になっていたでしょ」などと話しているときに、「あ、ちょっと待って。そこに週刊誌があるから買ってくるよ」と週刊誌を見ながら、「そうそう、これこれ」と盛り上がりました。

そして、飲んでいるうちにだんだんまたお腹がすいてきたので、「じゃあ、そろそろシメのラーメンでも食べようか」と、カップラーメンにお湯を入れて食べたあとに、「最後はやっぱりデザートでしょ」とアイスクリームを頬張《ほおば》ったときのあの幸福感は、今でも忘れられません。

コンビニが発想の勉強の場になる

5分以内の人が8割。

これは、コンビニに滞在《たいざい》する時間の割合を表した数字なのですが、僕はコンビニに行くとついつい長居をしてしまいます。

単に優柔不断《ゆうじゅうふだん》というのもあって、「お弁当とこのパンも食べたいな。パン買ったときはコーラがいいけど、おにぎりもいいな、でもおにぎりとコーラは合わないしなあ……」などと考えてしまうからです。

お店の規模にもよりますが、コンビニ各店には約3500から5000種類もの商品があると言われています。

それほどたくさんの商品があるにもかかわらず、きっと多くの人がある特定の商品しか買わずにお店を後にする傾向があるのではないでしょうか。飲み物、パン、おにぎり、お菓子、あるいは愛読している雑誌など。コンビニの商品点数の割合から考えれば、それはほんの数パーセントに過ぎません。

でも、コンビニをじっくりと観察するのは、いろいろな企画を立てるための練習になると僕は思っています。

何をどうやって並べているのだろう？　とか、この商品はどうしてここに置いてあるのだろう？　ということを考えていけば、きっとそこには何か理由や意味があるはず。それを想像してみる。

さらに、コンビニにこれだけの商品数があるわけですから、「こんなの誰がどんな気分で買うんだろう」と考えをめぐらすだけでも、商品が新鮮に思えてきたり、視点を切り替える練習になります。「自分では絶対に買わないもの」を想像してみるだけでも、楽しい作業になると思います。

自分では絶対買わないと思うものを誰か絶対に買っている。そこで、「何でこんなものを買うんだろう」とか、「どういう気分で買うんだろう」と、商品から人の気持ちを考えてみるわけです。きっと、新しい発想が浮かぶきっかけになるはずです。

もしも、自転車がパンクしたら……

皆さんにも身近な自転車って、すごく便利な乗り物ですよね。

けれども、もし、自転車のタイヤにたった1個の小さな穴が空いたらどうなるか。

便利なはずの自転車が、ただの「お荷物」になってしまいますね。運ぶのも大変です。「なんでこんな重いものを押さなきゃいけないんだ」と思ったりもして、「便利」が一気にマイナスになってしまう。

すると、「そもそも、なぜここを通ってしまったんだろう」とか、「なぜよりによってクギなのか何なのかわかんないけど踏《ふ》んでしまったのか」とネガティブな感情にかられてしまう。そして、「もし、あのときあの信号で止まっていたら、こういうことにはならなかったんじゃないか」と後悔《こうかい》することがあるかもしれません。

でも、ちょっと考えてみてください。

人生って、すべてがそういうことの繰り返しなんですよ。

たとえば、宿題をサボったことが先生にばれて叱《しか》られて、叱られたことが悔《くや》しくて帰り道でついつい乱暴な運転でどこかの道を通って、それで結果として自転車がパンクしてしまったりだとか……。

人生で起きることは、どんなに些《さ》細《さい》なことでもすべてつながっています。まずそこで、あえて「パンクした意味って何だったんだろう？」と一度立ち止まって考えてみることが大切であって、ただただパンクしたことだけを悔《く》いていてもいけません。

では、ここからが提案です。

もしも、自転車がパンクしてしまったらどうするか。

それは、自分と自転車の付き合いを巻き戻してみるためのきっかけだと考えてみてください。ただ、嘆《なげ》いているだけなのはもったいないです。

どういうことかというと、誰もが子どものときには補助輪で自転車に乗っていましたよね。そんな子どもの頃は、補助輪付きであっても自転車に乗ってどこか遠くに行くということが、すでにひとつの冒険でした。

でも、行けるところは限られていて、「早く外れないかな」と思いながら、自転車を走らせている。そして、ついに補助輪が外れたときの喜びというものも覚えているはずです。初めて補助輪なしで自転車に乗れたとき、まるで自由の羽をもらったような気持ちになって、夢中でペダルをこいだ。そういう記憶は誰しもが持っているはず。

あのときの、「これから自分は何でもできるんだ」という気持ちは、大人になるにつれてだんだん薄れていってしまいがちです。

だからこそ、自転車がパンクしたときは、あのとき補助輪が外れて社会へ飛び出していった「初心」を忘れちゃいけないんだということを、思い返してみてはいかがでしょうか。

遠くへ行ってみたい！

今まで何気なく歩いていた道でも、自転車に乗って走ることによって、新しいものが見えてくる場合もあります。

もし、乱暴な運転をすれば、人に迷惑をかけてしまう。思わぬ事故につながることもあります。そこで改めてルールの大切さに気づき、同じ社会に生きる人への配《はい》慮《りょ》が生まれます。そうすることで、社会と自分との距離が、なんとなくわかってくる。

その距離がだんだん摑《つか》めてくると、今度は「自転車に乗って知らないところに行ってみよう」とか、「少しでも遠くに行ってみたいな」といった冒険心が芽生えてきますよね。遠くに行ければ、その分大人に近づけるかも……。自転車って、そんな気持ちにさせてくれます。

僕自身の最初の冒険は、実家から車で30分ほど離れた町にある、母親のお姉さんがやっている旅館に自転車で行くことでした。当時の僕にしてみれば、2時間もかかる大冒険です。

叔母さんの旅館に着くと、それこそもうヘトヘトです。でも、僕にはある楽しみがありました。それは、お金を入れなくてもコカ・コーラを「ガチャン」と抜くことができる冷蔵庫。自転車でたくさん走ったあとに、コーラを喉《のど》に一気に流し込んだときの爽快《そうかい》さといったらありません。そして、何よりも、大きな達成感を味わうことができました。そんな僕の楽しみに付き合ってくれていたのが、いつも一緒に遊んでいた歯医者の息子の青木くんという友だちでした。

ある日、青木くんと僕のあいだで、「もっと遠くに冒険をしてみようぜ」ということになり、今度は熊本県・天草《あまくさ》市の自宅から100キロ離れた僕の家の別宅がある熊本市まで行ってみようということになりました。天草から熊本といえば、車でも2時間半かかります。ホント、中学生って怖いもの知らずですよね。

その日は僕の両親が夕方から車でその別宅に行くことになっていたので、「じゃあ、先に行ってるから」ということで、僕が緑色、青木くんが黄色の、おそろいのドロップハンドルのサイクリング自転車に水筒《すいとう》をつけて、天草発の100キロの自転車の旅が始まりました。

ところが、大冒険と鼻息荒《はないきあら》く格好つけたものの、想像していた以上にきつい。そして、夕方になってあたりがだんだん暗くなってきた頃には両親の車に追い抜かされ、泣きそうになりながら、ひたすら無我夢中で自転車のペダルをこいだことを今でも覚えています。

これは余談ですが、その途中で生まれて初めて「吉野家」に入って牛丼を食べたのですが、テーブルの上にふりかけがあると思っていっぱいかけたら、それはふりかけじゃなくて七味だった！

だから、僕の吉野家デビューは、とっても辛《から》い牛丼だったという記憶が残っています。

最大の才能、それは好奇心

とにかく僕は、知らないところに行き、知らない道を通るときのワクワク感が好きで仕方のない少年だったのです。

大学生になると、自転車からさらに発展して、原付バイクを買いました。

それでどんな冒険をしていたかと言えば、しょっちゅう意味もなく街をぶらぶら走っていたのです。ひとつだけ意識していたのは、自分の知らない道や路地にわざと入っていくということ。ここでもまた、知らないところを走ることの喜びをすごく実感できました。それはまるで、ゲームで新しい秘密の道を発見したような感覚です。

とにかくいろんなところをぐるぐる走っていました。

ときには、知らない車の後をつけてみたこともあります。

まさに、刑事ドラマの尾行《びこう》のようなものですが、ただ単に尾行してもつまらないので、勝手に妄想《もうそう》をしていました。たとえば、「この車に乗っている人はこういう家に住んでるんじゃないかな」とか、「こういう人生を送ってるんじゃないかな」とか。

こんなふうに頭のなかでいろんな人の人生を勝手に想像することが、もしかしたら放送作家としてのストーリーづくりの練習になっていたのかもしれません。

でも、知らない車の後をつけ、道が行き止まりになったときは、ばつが悪い思いをしながらあとずさりをすることになりますが……。

あとは、面白そうな店があったらとりあえず入っていましたね。お店に入って、何か発見があったらそれだけで何だか得をした気分になれたものです。

「おまえ、本当にくだらないことまでよく知っているよね」

まだ放送作家として駆《か》け出《だ》しだった頃によく言われたものですが、それはこのような「妄想冒険」の蓄積のおかげです。そんなこんなで、テレビ制作の仲間入りができた。そんなふうに思っています。

大切なことは何か。やっぱり、好奇心です。

好奇心というのは、自分の人生を面白くする最大の才能だと僕は思っています。好奇心があるからこそ何かを知りたいと思って勉強したり、知らないところに行って刺激を受けたいと思ったりするわけです。

好奇心が薄いと、「なんか面倒くさいなあ」とサボってしまったり、「時間がないや」などと何かしらの理由をつけて諦《あきら》めてしまう。それって、自分の人生を面白くするチャンスを自らの手でつぶしてしまっていると思います。

では、どうやって好奇心を発揮すればいいのか。

そのためには、これらネガティブな感情を越えるだけのパッションが求められます。さらには、リスクを背負ってでも「今、自分はこれをやりたい！」と思うような原動力が必要不可欠です。

僕の提案はここでもやはり、自分の知らない土地に行ってみる、ということです。なぜなら、どんな恥《はじ》をかいても誰も自分のことを知らない、そんな環境は好奇心を解放するのに絶好の条件だからです。恥をかいてもいいや、そう思えるチャンスはめったにあるものではありません。

さらに言えば、自宅から離れれば離れるほど自由な気分になってきますから、それにうまく乗っかって、ぜひとも「人との出会い」というものを意識してみてください。見知らぬ人に声をかけ、自分はどう人と交わることのできる人間なのか、自分で自分に気づいていく。そのことが好奇心を育てていく重要なポイントになるからです。

たまには神様にフェイントをかけてみよう！

僕は今でも、ちょっとした空き時間ができると、車で知らない道をドライブしたりいつもは通ることのない道を散歩してみたりすることがあります。

このようなことも好奇心から生まれる行動のひとつで、普段と違う行動をとることによって、「何か起きるんじゃないか」という、漠然《ばくぜん》とした期待を持つように心がけています。

道に迷ったり何かハプニングが起こるリスクも当然あるのですが、毎日同じことを繰り返すのではなく、ときどき自分の行動リズムを変えてみることによって、新しい発見やひらめきが生まれることがあります。

たとえば、やっと部活の練習が終わって体もヘトヘト、もう辛《つら》くてしょうがないという状況だとしましょう。実は僕も、学生時代はバスケ部できつい練習に耐《た》える日々でした。

部活が終わっていつもの帰り道を歩きながら、「ああ、疲《つか》れた。これから帰って、母さんがつくった夕飯を食べて、風呂に入って宿題して寝る。毎日同じことの繰り返しだ」と思うのであれば、「よし、今日はちょっとだけ違うことをしてやろう」と考えてみてはどうでしょう？

たとえば、「確かに部活で疲れているけど、今日はあえて遠回りをしてみよう」とか、「普段はこの信号を渡るけど、今日はこの歩道橋を渡ってみよう」とか。

そうすることで、もしかすると可愛い女の子とすれ違って恋に落ちるかもしれないし、歩道橋を渡っているときに遠くにきれいな星が見えたりするかもしれない……。

ビジネスパーソンであれば、毎朝の通勤電車はきっと同じ時間の同じ車両に乗っていますよね。自然と顔見知りになる人もいるでしょう。（余談ですが、その人にこっそりあだ名をつけてみるのも面白いですよ。）ある朝、その人がいないと、「あれ、今日はどうしたんだろう」と思ったりしますよね。

そこで、今度同じ車両に居合わせたときには、勇気を出して「いつも会いますよね」と声をかけてみるのはどうでしょうか。もちろん、突然異性に声をかけるのはハードルも高いし、「変な人」と思われてしまうかもしれないので、気をつけなければいけませんが……。

ここで大切なのは、実際に話しかけることではなくて、ちょっとでも想像をするクセをつけること。そうすれば、退屈《たいくつ》な日常に刺激が生まれ、ワクワク感を自分でつくり出すことができるというわけです。

僕がよく使う表現で、「神様にフェイントをかける」というものがあります。神様が運命を決めているのなら、それを裏切るような思いがけない行動をとって、何か新しいものが生まれるためのきっかけにするのです。何かを変えようと自分から行動を起こし、期待するだけでも平凡な日々が少し変わるはずです。

もし、結果的に何も変わらなかったとしても、そう思えただけでもじゅうぶんに成果はあると思います。

自転車が人と人とをつなげる

せっかく自転車の話をしたので、この章の最後にもう少しだけ。

海外に行くと、自転車を借りやすい環境になりつつあると感じます。街中のいたるところに駐輪ポイントがあり、どこででも借出・返却ができるようになっている。いわゆる「シェアサイクル」です。

なかでも、2007年にフランスの首都であるパリがスタートした「ヴェリブ」[*5]というシェアサイクルは、開始から2か月弱で自転車の貸し出し総数が400万台を突破するという予想を上回る成功を収めています。その他にも、ワシントンやニューヨーク、ロンドンでもシェアサイクルというサービスが広がりを見せています。

＊5　ヴェリブ　パリ市が運営する自転車の貸出サービス。市内では自転車が2万3000台、借出・返却スポットが1700か所以上用意されている。30分以内の利用は無料。手続をすればもちろん旅行者も利用できるサービスなので、パリに行きたい人は覚えておくといいかもしれない。

もともとは、自動車の交通渋滞《じゅうたい》による公害が問題視されたことによる対処だったようですが、僕はこのシェアサイクルという仕組みは観光の施策《しさく》アイデアとしても「やられた！」と思うほどの画期的な発想だと思いました。

このアイデアの何がすばらしいのかといえば、観光客が訪れた街をただスポットで見せるだけではなく、自転車で移動する過程も楽しませることができるという点です。縦横無尽《じゅうおうむじん》に自転車で移動することが、通常の観光では気づくことができなかった発見をうながすのです。あの、緩やかな速度がちょうどいいんです。電車やバスの移動では見逃《みのが》してしまうものが、爽《さわ》やかな空気を全身で浴びながら見えてくる。自転車という、ありふれたものをうまく使い、しかもデザインが格好いい。パリやニューヨークでその試みを目にしたとき、とても感銘を受けました。みなさんにも、自転車が宝物だった子どもの頃の感覚は、ずっと忘れずにいてほしいものです。バイクや車の楽ちんさに慣れてしまうと、乗る機会もなくなっていってしまいますから。

さて、ここでひとつ考えてみてください。

いったい東京には、一時より減ったとはいえ、まだどれだけの放置自転車があるのでしょう。ずっと置かれっぱなしになっている自転車を、もっとうまく活用できる方法はないだろうか。

僕は、駅前の放置自転車を見るたびに、これがもし、個人所有じゃなくて、みんなでシェアして使えるような仕組みをつくったら、街がもっときれいになるし、観光客にも喜ばれるんじゃないかと考えたりします。

もちろん、日本の観光地でも以前からレンタサイクルはありますが、シェアサイクルはまだ浸透《しんとう》し始めたばかりです。このシェアサイクルという仕組みが観光客の「足」としてだけではなく、その枠《わく》を超《こ》えた「人のつながり」に発展していく。それによって、自分の土地に来た「お客さま」を喜ばせたいという思いも生まれてくる。何だか、素敵なことだと思いませんか。

第2章

あたり前の「思い込み」をリセットする!

世の中にセンスのない人はいない!

前章でも触《ふ》れましたが、現代は、ネットやスマホで何でも簡単に調べものができる便利な時代です。

けれども、何か新しい価値というのは、自分のなかにある経験や知識がバチバチと火花を散らすことで初めて生まれるものです。自分のなかに蓄《たくわ》えられているものがなければ、世の中をあっと言わせるようなアイデアが生まれることはありません。

簡単に手に入る情報ばかりを頼《たよ》りにするのではなく、リアルな世界でいろいろな経験を積むことで、本当の意味で世間と勝負ができる発想力が身についていきます。

さて、ここで皆さんに質問です。

自分のことを「アイデアのセンスがない」と思っている人はどれくらいいるでしょうか。

熊本のご当地キャラクター「くまモン」[*6]を生み出したデザイナーの水野学さんが次のようなことを言っています。

「世の中にセンスのない人はいない。なぜなら、センスというものは生まれながらにして持っているものではなく、経験によってつくられるものだから。言い換えるならば、センスというのは『知の集積』にすぎないということ。だから、どれだけたくさんのことを経験したり、どれだけたくさんのものに触れて知識を得たかによって、それが結局はセンスと呼ばれるようになるんです」

これには僕も同感です。

まったく何も知らないなかで、その人の感性だけで何か新しい価値が生まれるということは、まずあり得ない。だから、誰かに「君はセンスがまったくないね」と言われてしまっても、それは「勉強してないね」とか、「経験が足りないだけだから、頑張って」という意味だと捉えてみてください。

つまり、センスというのは「磨《みが》く」のではなく、「増やしていく」という言い方

＊6　くまモン　熊本県の公式PRキャラクター。見た目の愛らしさから絶大な人気を誇るゆるキャラだが、実は熊本県の営業部長やしあわせ部長を務める〝公務員〟でもあり、日々地域の魅力を伝えるための活動に励んでいる。

のほうが正しいんですね。

相手の身になって思う「易地思之」という言葉

僕が教授を務めていた東北芸術工科大学では、「全国高等学校デザイン選手権大会（デザセン）」というコンテストを毎年やっていました。

このコンテストの主旨は、社会がよりよくなるためにこういうことをしたらいいんじゃないかというアイデアを出し合うこと。そして、それぞれが持ち寄ったアイデアを7分間でプレゼンテーションします。毎年、１０００件近いアイデアが来るのですが、僕はその審査委員長をやっていました。

２０１３年の決勝には12校が残り、日本全国から10校、そして、韓国のソウルにある高校が2校入り、ひとつの高校は韓国語で、もうひとつの高校は日本語でプレゼンテーションをしました。

その韓国語でプレゼンテーションをした高校の生徒が言っていた言葉に、僕はとても感銘を受けたものがありました。それは、韓国の四字熟語で「易地思之《よくちさじ》」（역

지사지）。

この言葉には、「相手の身になって思う」という意味が込められていて、それはすなわち、「いろんな人の気持ちになって考える」ということにも通じます。実は僕は、「相手のことを思いやる」という文化は、日本がいちばん進んでいると思っていたので、まずこのような言葉がほかの国にもすでにあることに驚きました。「ちょっと負けたな」とも思いました。しかしやはり、思いやりの心はどこの国でも大切にされてきた文化なのだと、改めて気づかされたのです。

その高校のプレゼンがどういうものだったかというと、ハロウィンやバレンタイン、クリスマスなどと同じように、年に一度のイベントとして、「男女を入れ替える日をつくりませんか？」という提案でした。

たとえばこうです。その日だけは、制服を男子と女子で取り替えてみる。あるいは、食事をおごるのが男性の役目だとしたら、その日は女性がおごらないといけない。毎日料理をつくっている奥さんは休んで、かわりに旦那《だんな》さんがつくってみる。いつも子どもの面倒をお母さんが見ているとしたら、その日はお父さんが会社を休んで子どもの相手をしてあげる。

そんな日をあえてつくってみて、日常の立場を入れ替えることによって、相手の尊敬すべきところを見つけたり、相手の苦労を知ることで感謝の気持ちが芽生える。そんな関係をひとつのイベントのようにしてつくりあげる「セクスチェンジ（性別交換）」の提案だったのですが、これは世界的なイベントに発展させても面白いなと思いました（現在のジェンダー観に照らせば、そんなに単純に考えることはできませんが、リセットの発想はよく生かされていたと思います）。

僕たち人間というのは、普段は自分の視点でしか、ものを見たり考えたりすることができません。だからこそ、まったく違う視点から自分を見るという行為に、僕はすごく意味があると思うのです。つまりは、「あたり前」の自分をリセットするということ。

それによって反省すべき点が見えてくるかもしれませんし、今までなりをひそめていた自分の才能に目覚めるかもしれません。あるいは、これまで正しいと思い込んでいたことが間違っていたと気づいて考えを改めたり、そのことによって人にやさしくなれたりするかもしれません。また、考え方が柔軟《じゅうなん》になったぶん、どんどん世界が広がっていくはずです。

「レシート日記」と「ネガポ辞典」

歴代のデザセンのアイデアのなかでも抜群《ばつぐん》だったものに、「レシート日記」と「ネガポ辞典」というのがあります。ご紹介しましょう。

まずは「レシート日記」。レシートは、何か買い物をした瞬間に捨ててしまうことが多いですよね。最近のコンビニでは、レシートがいらない人向けの小さな箱がレジに置いてあったりするくらいですから。

ところが、この「レシート日記」は、捨ててしまいがちなレシートの上に、そのときの思い出であったり、記念日や人生の大きな転機といった、日記にでも書きたくなるようなことをつむいでいくというアイデアなのです。

普通、レシートには、下の方に何かの広告が入っていたりしますよね。あるいはクーポンになっていたり。あのあたりに罫線《けいせん》を引いたメモ的なスペースを用意します。たとえば、缶コーヒーを買ったレシート――

「練習試合で負けて飲んだコーヒー、いつもより苦く感じた」

ティッシュペーパーを買ったレシート――

「好きな女の子に告白しようと思ったんだけど、途中で鼻がかみたくなって買ったティッシュ」

あるいは、赤ちゃんが生まれたとき。お母さんが初めて買ったおむつのレシートをノートに貼っていく。その子の成長にそって、買ったものをそのレシート日記に書いていく。どういう思いでそれを買ったか、ということが綴られていく。たとえば、成人式の日にそのノートを渡されたら、きっとその子はお母さんの深い愛を感じることができる……そんな素敵な提案でした。

そして、僕がとても気に入っている「ネガポ辞典」。

ずばり、ネガティブなことをポジティブに変換することができる魔法の辞典です。このアイデアは『ネガポ辞典』というアプリになり、そこから火がついて人気になったので、2012年には書籍化されました。

どんなものかというと、たとえば、好きな女の子に「あなたって、意気地なし!」と言われてしまったとしましょう。ちょっとへこみますよね。

そこで、ネガポ辞典の登場です!

この「意気地なし」という言葉をネガポ辞典で引いてみると、「懸念事項《けねんじこう》を掘《ほ》り下げ、よく考えてから行動する人」、「他人に流されず、まわりがどんなに駆《か》り立てても自分の意志を曲げない」と出ている。どうです？　ちょっと気持ちがポジティブになってきませんか。

さらには、恋人から「あなたって、何でそんなに浮気性《うわきしょう》なの！」と叱られてしまったとき。

この「浮気性」を引いてみると、「人のよいところを見つけるのがうまい」、「目をつけた相手に手をつけるのが早いということは行動力がある」と出ているのです。

ほかにも、「臆病者《おくびょうもの》」と引けば、「繊細《せんさい》である」、「思慮《しりょ》深い」、「人の心に寄り添《そ》える」とある。いい感じで発想の転換をしているんですね。

もしも、家元になるとしたら……

日本には多くの伝統文化が存在し、それぞれの道に家元があります。

茶、器、書、芸など、その道を本気で極め、ときには新しい解釈《かいしゃく》を加え、積み重ねていくことによって、それが本物の文化になってきた歴史があります。お茶にしても、最初はただ飲むだけだったはずなのに……。

所作《しょさ》のひとつひとつに意味を持たせ、「飲む」という行為をあそこまで様式美に高めて、ひとつの世界観をつくりあげていったということは、ものすごくクリエイティブな営みだと僕は思います。

そういう「道」を自分なりに何かでっち上げてみるというのも、新しいアイデアを生み出すトレーニングとして面白いかもしれません。

「もしも、自分が家元になるとしたら……」と考えてみるのです。

たとえば僕は、無類の銭湯《せんとう》好きなので、お風呂が好きな人のために、お風呂の入り方という作法をつくってみたいと思います。「小山流・浅銭家《あさせんけ》、深銭家《ふかせんけ》」といった感じで。

たとえば、浅い湯船のお風呂に入る人たちの流派を「浅銭家」、深く肩まで浸《つ》かる銭湯のようなお風呂に入る人たちの流派を「深銭家」と呼ぶ。

浅銭家というのは洋式のバスタブが主流で、半身浴をしたり、リラックスを追求する流派なのでお湯もぬるい。リラックスして「はあ〜、いい湯加減でございます」という息遣《いきづか》いが大切……。

一方、深銭家というのはどちらかといえば、精神の鍛錬《たんれん》であるとか、熱い湯を我慢《がまん》してぐっと耐えたその先に快楽を見出すような人たちなので、当然お湯も熱い。湯船は五右衛門風呂のようなイメージ。入る時間も短く、そこにリラックスという言葉はない……なんて。

さらには、手桶《ておけ》にしても、「これは木曾《きそ》の檜《ひのき》を使っております」と気取って言ってみたり、あるいは、掛け軸の代わりに壁に描かれたペンキ絵の富士山を見て、「ほう、これはどこどこからの眺《なが》めですなあ」みたいなことを真剣にやってみる。もしかすると、数百年後には立派な文化になっているかもしれません。

ほかにも、消しゴムで文字を消す作業ですら、家元を名乗れるかもしれません。テストのとき、解答用紙を美しくまとめあげることを、ひとつの作法と考えてもいいでしょう。

解答用紙に名前を書いて、両手を膝《ひざ》の上に置く。それから大きく深呼吸をし、第1問を解き始める。そうやって問題に向き合い、解答欄《らん》にバランスよく答えを記入する。最後に先生から「100」という数字をもらうことが、この解答用紙の最良の完成形である……。

ばかばかしいですか？　でも、そんなふうに、いくつもの伝統文化が生まれてきたのかもしれませんよ。

「もしも」の力で新たな発想が生まれる

ものごとを考えるのに教科書はいりません。新しい発想を生み出す練習は、いつどこでもおこなうことができます。

たとえば、エレベーターに乗ったとき。

ただボーッと乗っているのではもったいないです。自分の「あたり前」をリセットするきっかけとして活用します。どうするか？　簡単です。「もしも、自分がエレベーターだったら……」と擬人化《ぎじんか》して考えてみるんです。

エレベーターにとっての「あたり前」ってなんでしょう？　そう、上下にしか動けない人生。ただ、人をひたすら移動させるだけの人生……。だから、「たまには横に動いてみたいな」とエレベーターの気持ちになってみたり、出勤ラッシュ時やランチ時ともなれば、「おいおい定員オーバーだよ。そんなに乗ってくんなよ。重いじゃないか！」とかね……。

そんな感じで、モノに感情移入して、いつもとはまったく違う視点でものごとを考えてみる。いささか妄想《もうそう》めいているので、みなさん半信半疑でしょうね。でも、じゅうぶん発想の勉強として効力を発揮します。

食事のときもそうです。たとえば、「もしも、自分が車エビだったら……」。お皿の上に載《の》せられて運ばれてきた車エビ。車エビの気持ちになりきって、ここにいたるまでの物語を頭のなかで想像してみる……。

ある日、機嫌《きげん》よく海のなかを泳いでいると、網《あみ》に引っ掛かって人間に捕まってしまう。こんな広い海なのに、「なんで自分だけ？　なんて運が悪いんだ！」と車エビは怒ることでしょう。

活《い》きたまま厨房《ちゅうぼう》に届けられるので、車エビはいきなり木箱に入れられます。その瞬間、水ではなく、おがくずをぶっかけられる。すごい埃《ほこり》っぽいので、「ゴホッ、ゴホッ」とむせ返る。それだけならまだしも、箱から出されたと思いきやいきなり手荒く摑まれて首をとられ、「いてて、放せよ！」と、思う間もなく甲羅《こうら》を剝《む》かれます。バリッ。ああ、かわいそう。

天ぷらの場合であれば冷たい衣につけられるわけですが、車エビの悲劇はまだまだ終わりません。息つく間もなく、高温になった油のなかに投げ入れられるわけです。もうたまったものではありません。そして最後には……。ふう。

普段はこんなこと、考えませんよね。でも、ちょっと車エビの気持ちになってみるだけで、ストーリーづくりの訓練になるのです。

「モノ」の気持ちになるというのは、実は難しい作業です。普段からかなり意識していないとうまくできません。やってみるとすぐにわかると思いますが、自分の「あたり前」がいちいち邪魔《じゃま》をして妄想がなかなか走りだしていかないでしょう？

1週間に1回でいいので、自分の身のまわりにあるモノを使って妄想力を鍛《きた》えてみるのはいかがでしょう。

読むだけが本じゃない

僕は、昔から本屋さんに行くのが大好きです。

小学生の頃からテストが近くなると、本屋さんに行って参考書を立ち読みする。いろいろな参考書を見比べるだけで、なんとなく勉強した気分になっていました。

実は僕は、あまり本を読まないほうです。でも、本自体はとても好きです。印刷された紙をめくるあの匂い、いいですよね。

ページをめくるという行為《こうい》にも不思議な味わいがあります。ページをパラパラとめくっていくと、ふいにある1行が目にとまる。そしてその1行が、ちょうど自分が探し求めていた答えであったり、深く感銘を受けたりと、自分にとって何か〝善きもの〟であったりする。そうした「セレンディピティ」を誘発《ゆうはつ》する力が、紙の本にはあります。

セレンディピティというのは、何かを探しているときに、その探しているものとは別の価値あるものを発見する能力や才能を指す言葉です。

本はぜんぶ読まなくても、パラパラとめくっていて写真か何かに目がとまり、その横の文章に思わぬ1行があって、それによって心が動かされる――そういう出会いをもたらしてくれることがあります。それが、本というメディアの尊さ、奥深さにつながっている気がします。

放送作家という仕事に就いてからもその思いは変わっていません。

アイデアに行きづまって本の力を借りたくなったときも、ネットで注文をするのではなく、必ず本屋さんに足を運ぶようにしています。本屋さんは「セレンディピティ」の宝庫です。背表紙を眺めて回るだけでもアイデアの種が四方八方に飛び交います。自分ひとりの頭のなかでは、当然のことながら限界があります。自分がとらわれている固定観念や思い込みをリセットするためにも有効な方法なんです。

アイデアとは「化学反応」のようなものだと、僕は常々言っています。今まで自分が経験したことによって培《つちか》われた知識に、新しい知識という名の液体を注いだときに反応する場合と反応しない場合とがある。

よく、映画やマンガで科学実験の最中に「バーン！」と爆発するシーンがありますね。アイデアの誕生はあれに似ています。

本屋さんでは、本のタイトルや背表紙をいわば「触媒《しょくばい》」だと考えてみる。

それが自分のなかの薬品と反応を起こすかどうか。まあ、何にも起こらないことが大半なのですが、たまに「バーン！」とスパークする瞬間があり、そのようなときにすばらしいアイデアが生まれます。

ですから、発想の手がかりが何もなかったら、本屋さんに飛び込んでみればいいんです。

ただ、スパークのきっかけはとっても些細なことかもしれない、ということは意識しておいたほうがいいでしょう。

マンガだってアイデアの源泉

皆さんは、普段どれくらい本を読むのでしょうか?

「読書はあまりしないけど、マンガだったら……」という人も多いかもしれませんね。

小学生だった頃、あまり本を読まなかった僕におばあちゃんが、「なんでもいいから本を買ってあげる。マンガでもかまわないから……」と言うので、「じゃあ、『少年ジャンプ』と『少年チャンピオン』を買って！」とお願いしたことがありました。

すると、おばあちゃんは「ほんとにマンガなの⁉」とまず呆《あき》れ、それでも「あなたが本というものを手に取ってくれるのだったら」と、中学校3年生くらいまで毎週『ジャンプ』と『チャンピオン』を買い続けてくれました。

僕たちの世代ではこの2つがマンガ誌の二大巨頭《きょとう》だったので、僕はおばあちゃんの前では『ジャンプ』、『チャンピオン』とばかり言うようになり、「あなたは私の顔を見るとそればっかりね」と笑われていたくらいです。

では、僕はマンガから、何かを学ぶことができたのか。

その答えは、イエスであり、ノーでもあります。

実は、僕たち放送作家の世界では、「放送作家の知識の源はマンガである」と主張する人が意外といます。

言い方を換えれば、マンガで知ったことがそのまま事実であると勘違いしている放送作家がとても多いのです。たとえば医学の話をしているときに、「人の心臓ってこうなんだよね。だって、『ブラック・ジャック』に書いてあったし……」という具合に。

その一方で、マンガの優れているところは、『へうげもの』だったら安土桃山時代であるとか、いろんなところの舞台を明確にしてくれている作品が多いので、その周辺のことを自然と学ぶことができるところ。『銀の匙《さじ》』だったら、酪農《らくのう》という仕事に少なからず興味が湧《わ》くきっかけになるはずです。

僕も『包丁人味平《ほうちょうにんあじへい》』というマンガを愛読していた経験が、のちに『料理の鉄人』[*7]という番組につながったというところもあるので、マンガがきっかけで良いアイデアが生まれることだってあるんですね。

＊7　『料理の鉄人』　1993年から1999年までフジテレビで放送された、大人気テレビ番組。「美食アカデミー」所属のシェフが腕に覚えのある挑戦者と料理対決する。

ちょっと、ブレイク

もしも、山登りの途中でトイレに行きたくなったら……

僕がトイレに行けなくていちばん辛《つら》い思いをしたのは、2012年に迎えた48歳の誕生日、BSフジの「東京会議」という番組のロケで山登りをしたときのことです。

僕にとっては、実はこれが生まれて初めての本格的な登山でした。東京にある標高902メートルの「日の出山」という山に、2時間ぐらいかけて汗だくになりながら登りました。誕生日を迎えて初めての朝日を、山の頂上で拝もうという企画でした。

残念なことに、ちょっと曇《くも》っていたので朝日はきれいには見えなかったのですが、番組のスタッフがケーキ代わりに特製ばらちらし寿司を用意してくれたので、僕はうれしくてついついたくさん食べ、お茶もたくさん飲んでしまいました（これがよくなかった）。

そして、いざ山を下りようというときに、ちょっとお腹が痛くなってきて、ついに便意をもよおしてしまったのです。それでも、「まあ、大丈夫だろう」とそのまま山を下り始めました。

ただ、そういうときって、「忘れよう、忘れよう」と思えば思うほど、だんだん便意が強くなってくるじゃないですか？　もちろん、山道なのでトイレはありません。しかも、撮影中なのでカメラも回っています。

そんな状態のなかで、とにかく何か別のことを考えるようにしつつ、「一刻も早く下山して、トイレに駆け込みたい！」と思っていました。

時間が経つにつれて、僕はどんどん足早になっていく。ついには、山道を走って下りていきました。スタッフに気づかれないように、「このことを口に出した途端《とたん》、もう俺は負けだ！」と言い聞かせながら……。

けれども、便意は容赦《ようしゃ》なく高まってきます。しかも、みなさんもご存じの通り、あれには波があるわけで、「ああ、収まったな」と油断していると、また急に襲《おそ》ってきて、「うぉー！　来るな～！」ということになる。脂汗《あぶらあせ》をかきながら、何度もそんなことを繰り返し、必死になって山道を下っていく。何とも滑稽《こっけい》な事態ですね。

その走って下っている僕の様子を見て、スタッフたちは「すっげえ、さっきまであんなにヘトヘトで苦しがっていたのに、薫堂さん、さすがだな～」とか言いながら感心している。いいえ、違うんです！

それで、「もうだいぶ下りて来たよな、もうちょっとだよな」と思い、ガイドさんに「もうちょっとですよね!?」と聞いてみると、「そうですね小山さん！ もう、い、い、い、い、ちょっとで半分です！」って……。

その瞬間、「俺、もうだめかもしれない……」と思いました（笑）。

僕としては、「あと10パーセントです」という言葉をもらって、それを糧にもう少しの辛抱《しんぼう》をしようと思っていたのに、「あと半分」とわかったときには放送事故も覚悟《かくご》しました、本当に。――

結局、1時間半以上もかかってなんとか下山し、スタッフの車に乗せてもらって近くのトイレまで行き、用を足しました。あの気持ちよさといったらありません。

「この世はなんて素晴らしいんだ！」

この話に何か意味をつけるとしたら、僕はこの絶対的なピンチを乗り越えられたことで「もう何があっても大丈夫！」という不思議な自信を身につけることができました。それから、「トイレに行く」というなんてことない行為を、すごく尊く思えるようになったのです。

トイレに入るだけで「ああ、幸せだ」って思える人生、いいと思いませんか？

第3章

あたり前の「仕事」と「お金」をリセットする！

若い人たちが羨ましい

この世の中にはたくさんの偉人《いじん》がいますよね。

僕が子どもの頃はいつも、「長嶋茂雄ってすごいな」、「ジャイアント馬場ってかっこいいな」とあこがれていたものです。

それでも、どんな偉人たちよりも僕は「自分のほうがいいな」と思っていました。それはなぜかというと、「若い」という未来への可能性があったからです。

長嶋茂雄は野球という仕事を選び、ジャイアント馬場はプロレスラーという職業を選んだ。つまり、彼らにとってこれからの人生というのは、野球やプロレスから派生していく人生しかないのではないかと考えていたのです。

そのような意味で言えば、実際にはある程度レールの数は限られているのかもしれないけれど、自分はまだ若く、夢追い人でいることができる。将来は宇宙飛行士になれるかもしれない、あるいは総理大臣になれるかもしれない、さらには、どこかの王女と結婚して国王になれるかも……といった未来への可能性を秘めた妄想ができる。それって、素晴らしいことじゃないですか！

やっぱり、「若い」ということはそれだけ夢や可能性があるということ。それは圧倒的《あっとうてき》な特権です。だから、「若い」ということほど羨ましいものはこの世にはないと僕は思います。

どんなに成功した偉人でも、どんなお金持ちでも、どんな有名人でも、絶対にできないこと、それは「若返る」ということ。誰もが若くい続けたいからこそ、多額の金を費やしてきれいになる努力をしたり、健康のためにスポーツをしているんですよね。

職業は「名乗った者勝ち」でいい

実際に若い方のなかには自分が将来どんな仕事に就いているか、イメージが湧かない人も多いでしょう。そんなときはやはり妄想に限ります。まずは、「自分がなりたい」と思う職業のことを勝手に妄想してみてください。

たとえば、資格がいるような仕事であれば、まずはそのための勉強を一所懸命やる。それもいいでしょう。

でも、世の中には「名乗った者勝ち」という職業もいっぱいあります。

ひとつの例を挙げるならば、僕がやっているラジオに以前ゲストで来た方が、「離婚式のプロデューサー」を名乗っていました。

結婚式のプロデューサーはよく耳にしますが、離婚式のプロデューサーというのは初めて聞きました。これも「名乗った者勝ち」な職業ですよね。多くの夫婦が離婚するようになった現在、いかに盛大に離婚式をとりおこない、ハッピーな再出発を演出するかを考える……、素晴らしい職業だと思います。

彼のプロデュースする離婚式では、カップルが共同してエンゲージリングをハンマーでつぶすという儀式《ぎしき》をおこなうそうなのですが、その話を聞いたときに、今の時代というのは、アイデア次第で世の中にない職業を自らつくり出すことができるのだと再認識したのです。

僕の職業である放送作家だってそうです。

実は、特に実績や資格がなくても、「私は放送作家です」と名乗ればその人は放送作家なんです。あとは実力がものを言う世界です。

料理評論家や映画評論家といった、「評論家」と呼ばれる人たちもそうですね。その対象をどれだけ好きか、それをどれだけ的確に分析でき、それによって人を納得させたりワクワクさせたりすることができるか、そういった点が問われるわけですが、名乗るぶんにはいくらでも名乗れる職業です。

こんなふうに、世の中には「名乗った者勝ち」の職業がたくさんあるので、そういう職業を自分のまわりで探してみるといいですし、自分にフィットするものが見つからなかったら、発明してしまえばいいのです。

もしも、自分に肩書きをつけるならば……

妄想ついでに、自分の名刺《めいし》をつくると仮定して、どんな肩書きをつけるかを考えてみるのも面白いですよ。

以前、知り合いと話していたときに、「実はうちの孫が小山さんみたいな仕事をしたがっているんです。今度、事務所に遊びに行かせてもいいですか?」というので、「どうぞどうぞ」と言っておいたら、ひとりの中学生が本当に遊びに来ました。

彼はお笑いの研究をしていて、「ダウンタウンの笑いについて」といった研究論文（！）を書いたり、芸人さんを「変顔系」「愚痴《ぐち》系」「言葉遊び系」などと自分なりに分類したノートをつくったりしていたので、「キミ、面白いね。『中学生放送作家』になれば？」と提案したところ、しばらくすると、「中学生放送作家」という名刺をつくって再び挨拶《あいさつ》に来ました。すごい子でしょ？

このように、「自分は○○です」と名乗って大人と接していると、ひとりの人間として存在感が増してきますし、こちらも「そういえば、あいつはその後どうしてるだろう」と、ふとしたときに気になったりもします。これは仕事をやっていくうえで大きな武器となります。

やりたいこと・できることをオープンにしておく

そんなこんなで、自分がどんな職業に就きたいのかが想像できるようになってきたら、今度は妄想から一歩踏み出して、現実的にどのように努力をすればいいのかを考えればいい。

放送作家ひとつとってみても、漫才《まんざい》やコントのネタを書く人や、情報番組やドキュメンタリーを手がける人など、本当にいろいろなタイプの人がいます。それぞれがそのジャンルでやっていくためにさまざまな形で努力していることでしょう。

ただし、一般論で言えば、そうした努力の最初のステップとして重要なのはリサーチであり、研究だと思います。自分が好きなものや自分に向いていると思うものがあるとしても、その「好き」を突きつめていかなければ、なかなか次には発展していかないからです。

そして、その「好き」を外に出してみる、口にしてみる。それによって、何かが起こり、何かが動き始めます。騙《だま》されたと思ってやってみてください。

何も言わずにせっせとリサーチや研究をやっていても、誰にも気づかれることはありません。それは本人のなかで閉じられたものでしかないからです。

でも、「僕、中学生放送作家なんです」などと言いながら、リサーチしたことや研究したことをオープンにしていると、「えっ？　キミは何をやってるの？」と訊《き》かれるようになります。それに答えていると、だんだん人に説明できるようになります。「自分はこれこれこういう研究をしていますので、こんなことができます」。

そうなると、「へえ、すごいね、キミ。じゃあ、今度チャンスあげるよ」となる。

こういうことは、大人の社会でも実際にあることなんです。アイデアや企画が勝負の業界は、基本的にこういう形で回っていると言ってもいいくらいです。

夢は大いに語るべし

僕の知っている女性で、「私は伝説のホテルをつくりたいんです！」といつも言っている人がいます。すると、何かホテルにかかわるプロジェクトがあったときには、「彼女なんかどうだろうね」という提案を出したくなるものです。

だからこそ、「自分は何者なのか」ということを人にじゃんじゃん言って歩いてください。それによって、誰かが気にとめてくれたり、何かをするときのきっかけが生まれる可能性が高くなるのですから。

「夢はみんなに話したほうがいいのか？　それとも内に秘めておいたほうがいいのか？」　そんな話がよくありますが、そういうわけなので、僕は絶対に人に話したほうがいいと思います。

夢を話すことによって達成したような気分になってしまい、努力をしなくなるのではないか。そんな心配をしているくらいなら、どんどん人に話して、それをきっかけにさまざまな人たちとつながったほうが、よっぽど有益です。

自分が思っていること・考えていることは、なんとなくまわりの人も理解してくれていると思いがちですが、そんなことはありません。言葉で外に出さないと、人は理解してくれません。

自分の思いやメッセージ、自分の存在そのものを他人に伝えておくことが極めて重要です。名刺はそのひとつの形と言えます。伝えた分だけ、チャンスがめぐってくる回数が増えるはずです。

人と人とのつながりは、そういうふうにできています。

夢は大いに語るべし！

もしも、テレビ番組を企画するとしたら……

テレビ業界で働いていていつも思うのは、小学生のときに学芸会でやる演劇と基本的には、それほど変わらないということ。

「いかに観ている人を楽しませるか」ということを一所懸命考えながら企画をつくっていく。演じているのが小学生でもいい大人でも、それは変わりがないでしょう。

テレビ番組をつくる仕事には3つの力が必要だと思います。

分析する力、観察する力、そして、アイデアを捻《ひね》り出す力。

「この時間帯に人々はどんな気分でいるだろう」とか、「深夜には人々は何をしていて何が観たいんだろう」とか、テレビの向こう側にいる人たちを想像しながら企画を考えなければいけません。

いま求められているのはどんなことだろう、ターゲットはどうしよう、中高生や大学生は何に関心を持っているのだろう……。そうしたリサーチを積み重ねて、できるだけ多くの人を振り向かせるには何をしたらいいんだろうか、と考えていくのが放送作家の仕事です。

「テレビの仕事は咀嚼《そしゃく》業である」。僕が口癖《くちぐせ》のように言っている言葉です。

かつて、お母さんが赤ちゃんに食べ物を与えるときは、一度自分で噛《か》んでやわらかくしてから、口に入れてあげていました。何をいまこの子に食べさせなきゃいけないか、ちゃんとおいしく食べているか。お母さんなりに解釈しながら、食べやすく噛み砕《くだ》いて、赤ちゃんの口のなかに流し込んであげる。それが赤ちゃんの栄養になる。

テレビの仕事もそれと同じです。面白いことや新しいことを噛み砕いて視聴者に伝える。ただし、そこでしかるべき「噛み方」の工夫をしなければ、視聴者は食べてくれません。

どうですか？　テレビの仕事をやってみたくなりました？　まあ、どちらにせよ、ぜひ自分だったらどんな番組をつくろうか、それを誰に見せようか、と妄想をふくらませてみてください。これもまた、「あたり前」をリセットしてものごとを考える練習になります。

とっかかりに、身近な人をターゲットに企画を考えてみることをおすすめします。たとえば、お父さんとお母さんに見せる番組をつくるとします。そのときに、お父さんとお母さんはいったい何に興味があるんだろう、というところから考えてみてください。

もしも、お父さんの趣味が散歩だったとしたら……。

「じゃあ、散歩の番組をつくろう。でも待てよ、散歩の番組っていっぱいあるんじゃないかな。ちょっと調べてみよう。……なるほど、こういう番組がすでにあるのか。いや、こんな番組まである。ということは、そのどれとも違う散歩の番組をつくらなきゃいけない、ということか……。あとは予算の問題もあるな。予算がこれだけしか使えないのか。どうしよう、やっぱり予算のことを考えると、散歩の番組じゃないほうがいいのかな。別の企画も考えてみよう……」

このように、いろいろな角度から吟味《ぎんみ》しながらひとつずつ整理をしていくことで、「これって、今までになかった斬新《ざんしん》な番組だよね」という企画に近づいていきます。

ちなみに、僕は企画を考えるときに3つの問いを自分に投げかけるようにしていきます。

「その企画は新しいか?」「その企画は自分にとって楽しいか?」「その企画は誰を幸せにするのか?」の3つです。

このどれにも当てはまらないようなら無理にやる必要はありません。それどころか、誰かに迷惑をかけるだけかもしれません。ただ、3つすべてに当てはまる企画はそうそうないですから、1つか2つ当てはまればじゅうぶんではないでしょうか。

テレビ番組はどのようにつくられているのか

「テレビと映画のいちばんの違いは何ですか？」と、よく訊かれます。

この質問に対して、「お金を払って観るものとタダで観るものに対する人の思いの違い」というのが僕の答えです。

映画の場合はお金を払って観るものですから、やはり「楽しもう」という気になってみんな一所懸命観るはず。映画館に入ったら携帯の電源を切って、多くの人は隅々《すみずみ》まで全身の神経を集中させて観ていますよね。

その一方でテレビはというと、基本的にはタダで流れているものなので、途中で電話やメールをしたり、ご飯を食べながら観る場合もある。つまり、テレビというのは非常に観る側の意識を集中させにくいメディアなので、何かしら常に人の注意を引きながら放送していかなくてはいけないということです。

テレビを観ていると、「大げさだな」と思うことがよくありますよね。それは、間《ま》や余韻《よいん》よりもインパクトを重視して、常に視聴者にとって「おいしいもの」をちらつかせておかないと、すぐにチャンネルを替えられてしまうからです。

テレビ番組はどのようにつくられているか。いろいろなパターンがありますが、一般的には、テレビ局から「このような時間帯の枠でこのようなクイズ番組をやる」といった発表があり、と同時に、局外の放送作家や制作会社から企画を募集します。

不動産にたとえるとわかりやすいかもしれません。

まず、ある土地が空いています。これが番組枠になるわけですが、当然ゴールデンタイムであれば一等地なので、番組をつくる予算もたくさんかけることができます。その地域には番組を見てくれる住人もたくさんいるので、視聴率が稼《かせ》ぎやすい番組枠ということです。

次に、そこに建てる家のコストをどのように調達するか。これを工面するのが番組スポンサーです。これは、「プレゼンテッド・バイ・〇〇〇」と、その番組を提供する企業のことで、CMを流すことができます。

つづいて、「じゃあ、ここにどんな家を建てるのか」ということを考えるのが僕たち放送作家や制作会社の役割になってきます。

そして、最終的には土地の所有者であるテレビ局が、あがってきた企画を検討し、「今回はこれでいこう」と、その企画を出した放送作家や制作会社にお金を払って発注する……。だいたいそのような流れになっています。

ちなみに、アメリカの場合で決定的に違うのが、テレビ局がプラットホーム的な存在であるところ。たとえば、放送作家や制作会社がある番組の企画を考えると、先行投資をしてまずは番組をつくってしまう。それをテレビ局に持っていって「こういう番組をつくったので買いませんか」と売り込みをかけるのです。テレビ局が「これは面白いから売れるかもしれない」となれば、テレビ局がスポンサーを見つけてきて放送される仕組みになっています。

放送作家になりやすい時代がやってきた？

僕が放送作家になったときと今とでは、仕事のやり方も大きく変わってきました。第1章で触れたこととかかわりますが、圧倒的に違うのは、情報の見つけやすさ、検索のしやすさです。

以前は「情報を検索する」という言葉すらありませんでした。

そして、情報を集める作業が今からは想像もつかないくらい大変でした。資料を探すときには、大宅《おおや》壮一《そういち》文庫＊8という、雑誌の所蔵量が日本一の図書館に頼るしかありませんでした。

「こんな番組をつくったらどうだろう？」とみんなで話し合いながら「いいかも！」と盛り上がっていると、誰かが「なんかそういえば、このあいだ新聞で関連した話を読んだような気がする」みたいなことを言い出して「なんだよ、その新聞思い出せよ！」と図書館で新聞のバックナンバーを調べて、「あった。これだ！　うわっ、もう他のテレビ局でやっている企画じゃないか！」というようなこともしばしば……。

でも、当時の放送作家たちはそれくらい情報に飢《う》えていた。

有益な情報を見つけたときには一所懸命ノートをとったり、スクラップをつくったりしながら、少しでも番組づくりに役立てようとしたものです。

今ではどうでしょう。誰もがそこにいながら情報を検索することができる。わからないことがあれば、みなすぐにスマホをいじりだします。これは本当にすごいことですよね。何か企画を考える場合でも、まずは情報検索によってヒントを得られるわけで、その意味では、放送作家になりやすい時代がやってきたと言えるかもしれません。

ただし、最近の放送作家たちを見ていて感じるのは、情報が常に垂れ流しにされているので、見過ごしてしまっても、あとで必要になったときに検索すればいいや、くらいにしか考えていないということです。もっと貪欲《どんよく》に出会った情報や面白いと思ったネタを自分のなかにストックしていかなければ、世の中をあっと言わせる発想は生まれにくいです。だって、検索できる情報というのは、すでに誰かが考えたものなんですから。

＊8　大宅壮一文庫　評論家・大宅壮一のコレクションを引き継いだ雑誌の図書館。75万冊以上の雑誌が所蔵されている、まさに資料の宝庫で、放送業界の新人は「大宅壮一文庫に行って調べて来い！」と先輩から必ず一度は言われたとか。

もしも、面白い企画を思いついたら……

そしてもうひとつ、僕が放送作家の心得として大切にしていること、それは「自分のアイデアにうぬぼれない」ということです。「検索社会」になった現在、なおさら肝《きも》に銘《めい》じなければなりません。

自分が考えた企画はほぼ１００パーセント、すでに誰かが考えていると思ったほうがいい。「ものすごく面白いアイデアをひらめいた！」と思ってプレゼンしたら、実は新米の放送作家が出してくるような企画だった、なんてことは日常茶飯事です。テレビ業界は特にそうです。

つまり、企画を思いついたら、他の人も思いついているという前提で、それをさらにもう一段上に持っていくにはどうすればよいか考えて、捻りに捻らないと新しい企画にはなりません。

僕が実践しているトレーニング法に「勝手にテコ入れ」というものがあります。テレビ番組でも何でもいいのですが、企画のお医者さんになったつもりで「この番組は何で面白くないんだろう」「ここをもっとこうしたら面白くなるんじゃないか」と、想像上のテコ入れをしていくやり方です。実は、自分自身の企画に対しても繰り返しこの「テコ入れ」をしているようなところがあります。

ただし、どんなにその企画がよくても、採用してくれるプロデューサーのセンスによって出来の良し悪しが左右されることもあります。

「これは新しい！　画期的な企画だ！」と思っても、プロデューサーから「これは前例がないから、どうなるのかまったく想像できない。もっとウケそうなものを考えてよ」と言われたりする。そうなると、高視聴率をとった番組と似たような、なんとなく結果が担保《たんぽ》されている番組ができあがる。「またこれか。どこかで観たことあるな」という番組に出会ったら、そんな裏事情があるかもしれませんよ。

そこで僕はこう思います。

企画やアイデアって、何を考え出したかよりも、その考え出したものが誰に出会うかっていうことのほうが大切なんじゃないか、と。せっかく生まれたいい企画でも、その価値をわかってくれる人に出会わなければ、死んでしまいます。

逆に言うと、熟しきっていないアイデアだったとしても、優秀な人に出会って

「もっとこうしたほうがいいんじゃない?」とアドバイスをもらうことで、飛躍的《ひやくてき》に進化していくことがあるんです。

もしも、やりたいことが見つからなかったら……

仕事の話をいろいろとしてきましたが、自分が将来どんな職業に就きたいのか、どんな目標を持てばいいのかと悩《なや》んでいる人も少なくないはず。

そんなときは、無理に将来の夢や目標を持とうとせず、いっそのこと、「今のところ、自分は将来何をしていいのかわからない!」と、まわりの人に宣言してしまったほうがいいと思います。

まずは、「何をしていいかわからないんです。でも、やりたいことを見つけたいんです」と言っていれば、「その後、何かやりたいこと見つかった?」と気にしてもらえるきっかけになります。

また、本当に何をやっても楽しくないと思ったら、素直にそう言ってみる勇気を出してください。すると、親や先生、ときには友だちや恋人から、「あなたって、こういうことが向いているんじゃない？」とアドバイスをもらえるかもしれませんよ。

夢や目標を自分の内側だけに留めていると、他人もあなたに対し、どのようにアドバイスしていいのかわかりません。（だから、ないのであれば「ない」と言ったほうがいいですし、2つあるのであれば「2つあって迷っている」と口にしたほうが絶対に得です。）

そして、夢や目標というのは、特に年上の人にこそ語るべきです。

つまり、年下の人に夢や目標を語るというのは、「ちょっとみっともないかな」と思いますよね。そりゃそうです。

ところが、年上の人というのは、相談を受けると「自分は頼りにされている」と思って親身になってくれることが多いです。「なんとかしてあげたい」と、その人の気持ちが動き出すと、それによってまた何かが動き出す可能性が生まれてきます。

ですから、先輩や先生、そして両親などに自分の夢や目標を一度語ってみてください。もちろん、大人であっても夢や目標ってありますよね。そんなときは、たとえば上司や、あるいは思い切って社長に、「自分はこういうことがやりたいんです」

と口に出して伝えてみてください。

ただし、大人の場合は、相談をするときの大事なポイントとして、その夢や目標を実現するために、自分は今何をしているかということを明確に伝えなければいけません。

たとえば、見習いの料理人が「独立して自分のフランス料理店を開くのが夢なんです」と言ったとする。そのあと問われるのは、では、その夢のために何をしているのかということです。

そこで「フランス料理店であればフランス語ができたほうがよいので、フランス語を今、ゼロからやっているところなんです」と、すかさず答えるだけの準備ができているかどうか。それができれば、「あっ、こいつは本気なんだな」と、サポートする気を起こしてもらえるはず。

逆に、いくら夢や目標を語っていても、実現のために何をやっているのか問われたときに、「頑張ります!」「精一杯《せいいっぱい》努力します!」などと根性だけで乗り切ろうとしても、その夢を本気で応援してくれるサポーターは現れないでしょう。

ひとつ確実に言えることがあります。

夢というのは、孤独じゃないほうが叶《かな》えやすい。

自分の力だけではなく、いろいろな人の期待を背負うことや、いろいろな人がチャンスを持ってきてくれることによって、夢を叶える道がより拓《ひら》けてきます。だから、できるだけ多くの人に夢を語ったほうがよいのです。

上手に他人を頼ることも、立派な才能なんです。

「なせばなる」じゃなくて「なるようになる」

子どもの頃に思い描いていた将来の夢――たとえばプロ野球選手やパイロットになりたい――が実現したとしましょう。でも、それが本当に正しいゴールだったかどうかなんて、誰にもわかりません。

目指した夢が必ずしも正しいとは限らないし、もしかするとたどり着いた先にそれ以上の素敵なゴールが見つかるかもしれない。そんなことを思うことがよくあります。

「セレンディピティ」という言葉についてはすでに触れましたね。この言葉はもともと、18世紀イギリスの政治家であり小説家でもあるホレス・ウォルポールによる造語で、彼が子どものときに読んだ『セレンディップの3人の王子』という童話にちなんだものと言われています。

この童話の大まかなあらすじは、3人の王子たちが旅の途中でいつも意外な出来事と遭遇《そうぐう》し、彼らがもともと探していたもの以上の何かを発見する、というものです。僕にとっては、「自分が目指していたゴールが必ずしも正解だとは限らない」ことを学ぶきっかけになった物語でした。

実は僕は、あえて大きな目標や野望のようなものを持たないように心がけています。平たく言ってしまえば、「なるようになる」と思う主義なんです。

ただ、誤解がないように付け加えておきますが、目標を立て、その達成を目指すということを否定しているのではありません。ここで言いたいのは、「目標しか目指さない」のはよくないということです。なぜなら、目標ばかりを追いかけてしまったら、もしも目標に達しなかったときに、それを失敗や挫折《ざせつ》と受け取ってしまう。それがいちばんよくないことだと思うからです。

もちろん、生きるうえで目標がないと、どこを目指し、進んでいけばいいのかわからなくなるので、目標というのは生きるうえでの方位磁石みたいなものだと考えてみるのはどうでしょうか？

僕なりに、「働くということ」を突きつめていくと、「いちばん目前の宿題を一所懸命こなしていくことの連続でしかない」という答えにたどり着きます。

それこそ、子どもの頃は与えられた目先の宿題を一所懸命やるしかなかった。まるで、それがすべてであるかのような気持ちで目の前のことに全力で取り組む。それと同じ感覚なのかもしれません。

大人になると「自分は何のために努力しているのか」ということを考えすぎてしまいます。要領がよくなる分だけ目標を達成できるのかできないのか、あるいは夢が叶うと信じるのか諦《あきら》めるのか、その判断を時期尚早《しょうそう》にしてしまいがちです。それは、毎日の仕事のなかでも同じことが言えます。

そこで効力を発揮するのが「なるようになる」という考え方なんです。「なせばなる」じゃなくて、「なるようになる」です。あまりにも楽観的に聞こえますか？でもこの言葉には、「やれることをやる」という積極的な含意《がんい》があります。

さらに言えば、「自分にはコントロールできないことがある」ということを理解する意味合いも含《ふく》んでいます。これが極めて重要です。

自分の力ではどうにもならないこともある。それでもやるべきことをやる。その結果として、「なるようになる」。――そう考えることが正解なのではないかと僕は思います。

ただし、努力して「なるようになる」のと、努力しないで「なるようになる」のとでは、結果の受け止め方が大きく異なります。努力しなかったときにものすごく後悔することになるかもしれません。

だから、「なるようになる」というのは、最善の力を出し切ったところでの「なるようになる」だと理解してください。

たまには自分の期待値を下げてみよう！

目標に向かって努力するかたちはさまざまです。

僕の会社では、以前「月火《げっか》」という居酒屋をやっていました。

会社の受付は昼間はカフェなのですが、夜だけワインバーのようなものをやっていました。しかし、このワインバーにはお客さんがあまり来ない。そこで「どうせお客さんが来ないなら、遊んでみようじゃないか」ということで、僕の会社で料理の上手い放送作家見習いを料理長に任命して、「自分の好きなものだけが出てくる、自分が行きたくなるような居酒屋」をコンセプトにお店を始めたんです。それが「月火」。「月火」というのは月曜日と火曜日のこと。

週末は家族と過ごしたから今日は外で食べたい、という人もいるかもしれませんが、週が始まったばかりの月曜日に外食したい気分になる人はあまりいないでしょう。飲食店の定休日に月曜日が多いのも、そのことが関係しているのかもしれません。普通、木曜日や金曜日のほうが飲食店は儲《もう》かります。

しかし、そこをあえて、月曜と火曜にしたひとつのポイントは、「お客さんの期待値をどれだけ下げられるか」というねらいがあったからです。

「飲食店なんかやったこともない素人《しろうと》のヤツがやるんですよ！」と、期待値を下げておいて、実際に来てくれた人が「おおっ！　思っていたよりも全然いいじゃん」と面白がってくれたら、ギャップからくる感動が生まれますよね。

期待値を下げさせることは、もしかしたら目標の達成に対する遠回りかもしれません。でも、お店に限らず、人生を生きているうえでいろんな自己アピールの仕方があり得ると僕は思っています。

ついつい見栄《みえ》を張って、目標は大きく持ちがちですが、そうしてしまう自分を、一度リセットしてみませんか。

ときには、自分をあえて低く見せておいて、そこにいい意味でのギャップをつくりだす。それも自己プレゼンテーションとして決して悪いことではありませんし、それが最終的に自分の夢や目標達成へとつながることもあるのです☆。

「マイナス1」が価値を高める

この「月火」の価値を高めるもうひとつのポイントがあります。

それは、「限定する」ということです。

月曜と火曜しかやっていない、しかも8人ぐらいのお客さんしか相手にすることができない。すぐに席が埋《う》まってしまうので、逆に「行きたくなってきた」という作用を引き起こすのです。

以前、フランスのあるビジネスマンから聞いた話なのですが、ブランドを上手につくりあげるための「ブランドを構築するための法則」というものがあるそうです。そのひとつが、「お客さんに無理に合わせない」。むしろお店のルールにお客さんが従うような工夫をすることで、そのお店へのあこがれを生まれやすくするというわけです。

似たような例で、ある有名なスポーツカーのメーカーがおこなっているブランド戦略があります。それは、「新しいスポーツカーをつくるときは、それを欲しいと思っている人数からマイナス1した数だけをつくる」というものです。

つまり、100人が「欲しい」と言ったら、その車は99台だけ製造する。すると、誰か1人が手に入らないから、その人が「欲しい、どうしても欲しい！」と騒《さわ》ぐことで、その気分がまわりの人にも移り、「自分も欲しい」と思うようになっていく。

100人が「欲しい」というときに100台つくってはいけない。

☆　2014年に「月火」は一度閉店し、その後、より本格的な飲食店「月下」にリニューアルしました。放送作家見習いだった料理長は、本格的な料理人への道を歩み始めました。

もちろん、つくり手としては売れているからたくさんつくりたくなるわけですが、そこをあえて「マイナス1」にすることでお客さんの欲求のハードルを上げ、ひいてはブランド力を高めるんですね。

そんな深いねらいが「月火」にあったわけではないのですが、来た人に楽しんでもらうというところに意味はあって、やはり人をいかに楽しませるかという純粋な思いで、「月火」は成り立っていたのだと思います。

ピンチがチャンスに変わる瞬間

僕の故郷である熊本県の天草に、畜産業を営んでいる田中さんという人がいます。その「たなか畜産」では、有名なブランド牛にも負けず劣《おと》らずの素晴らしい牛を育てて出荷していました。

ところが以前、BSE（狂牛病）が問題になったときに、牛を出荷できなくなってしまい、「たなか畜産」は存続にかかわるピンチを迎えてしまいます。

何かいい方法はないかと頭をめぐらせる田中さん。育てた牛を出荷できないのなら、小屋を1つ改装してそこにお店をつくって、焼肉屋さんでもやってみるか……。半ば思いつきで、そうなったらしいです。

田中さんは牛は育ててきたものの、もちろん焼肉屋さんなどやったことがありません。いったいどのくらいの値段でお肉を提供すればいいのか。まさに手探りの状態だったわけですが、せっかくだから美味しいお肉をたくさん食べてほしいという思いから、「食べ放題で2900円」という価格に決めました。お店の名前も、畜産業と同じ「たなか畜産」です。

噂を聞きつけ、僕もその「たなか畜産」に行ってみたところ、本当に驚くくらい上質なお肉ばかりを出してくれたのです。

さらにはサラダバーがあって、牛丼とカレー、デザートも食べ放題。そして極めつきは、お酒を飲み放題にしてもプラスたったの1000円。つまり、東京で食べれば1万円以上はしそうな美味しいお肉が、3000円から4000円でたらふく食べられる。なんて贅沢《ぜいたく》なんでしょう。

僕は思わず、「これ、原価ってどうやって計算しているんですか？」と聞いてしまいました。「いや、適当です」とあっけない返答。ふと箸袋《はしぶくろ》を見ると「喜んでもられれば、それでよか」と書いてありました。田中さんはどうやら、この焼肉屋さんで儲けようという考えはないようです。

畜産農家というのは家畜を育てて出荷しても、食べる人の笑顔は見ることができませんよね。

でも、焼肉屋さんをやると、目の前でお客さんが喜ぶ姿を見られて、「うまい!」という言葉が聞ける。それはとても気持ちがいいことだから、ある程度は採算を度外視してでも美味しいお肉を提供したい。

「儲けよう」という気持ちよりも、「みんなに美味しく食べてもらいたい」という思い。これって、とても素敵だと思いませんか?

その思いって、きっとお客さんに届くものです。

その結果、今ではその焼肉屋さんに多くの人がやってくるようになって、わざわざ東京や大阪から、熊本の天草まで飛行機に乗って食べに来る人もいるそうです。

そんなお客さんを見て田中さんが思ったのは、「わざわざ遠方から来てもらったのに、うちの肉を食べただけで帰らせてしまうのは申し訳ない」ということ。そして考えついたのが、焼肉屋さんに「観光案内所」のような機能を持たせることでした。

天草という土地は肉だけではなく、魚の美味しい町でもあるので、お店の周りにある他の飲食店を紹介するようにしたのです。「明日はここのお店に行くと美味しい魚が食べられますよ」、と。

そのようなアライアンス（複数のお店がお互いのメリットのために協力し合うこと）が自然発生的に生まれる仕組みづくりへ――。

まさに、ピンチがチャンスに変わった瞬間だと言えます。

焼肉屋さんから広がる新しい観光のかたち

ここで僕が伝えたいのは、ピンチのときこそ、相手を「おもんぱかる」精神が大切になってくるということ。

たとえば、作家さん本人から「僕が書いたこの本、面白いから読んでみてください」と売り込みをかけられても、あまり読みたい気持ちにはなりませんよね。それより、同じ本でも他の人から「最近読んだ本のなかで、この本がいちばん面白かったから読んでみてください」と言ってもらえたほうが、「ああ、この人は本当に僕のことを気にかけてくれて、その本を薦《すす》めてくれたんだな」という気持ちになります。

僕たち人間は、どうしても自己主張に走ってしまいがちです。それがピンチのときや失敗してしまったときにはなおさら……。

自分のための宣伝をするだけでなく、第三者のフィルターとなって他の人を誉《ほ》めあう、それが地域全体を盛り上げ、新しい発想もどんどん生まれていく……。

「たなか畜産」のロールモデルは、そのことに気づくきっかけになります。

そんなことを考えていた矢先に、「たなか畜産」と住宅メーカーをつなぐアイデアを思いつき、早速お付き合いのある住宅メーカーにその提案をしてみました。

僕のアイデアは、こんな感じです。

まず、その住宅メーカーがたなか畜産に旅館を建ててあげる。「たなか畜産」は日本でただひとつの「焼肉屋旅館」、もっとカッコよく言ってしまえば「焼肉屋オーベルジュ」になります。

ここでの宿泊は1日1組限定。宿泊《しゅくはく》するお客さんには、自由に使える車が1台与えられます。ちょうど今、日産自動車が電気自動車の実験を天草でやっているので車はそこから提供してもらう。車のカーナビには、天草市長や田中さんが推薦《すいせん》するおいしいお店の情報がぜんぶ入っていて、スムーズにそこに行けるような仕組みにしておく。さらには、この車に乗って来たお客さんは「たなか畜産」に泊《と》まっていることがわかるので、特典が受けられる。

このように、1軒の焼肉屋さんから始まる新しい観光のかたちが見えてきます。このたった1軒の焼肉屋さんに絶対的な価値があるからこそ、周囲を巻き込んでいくことができるのです。

人と人とのつながりは、たったひとつのきっかけがあれば次第に広がっていくものです。それはまるで暖炉《だんろ》の種火《たねび》のようなものです。暖炉に火をつけるときには種火をあちこちにちりばめるよりも、一か所に集中させたほうがより火がつきやすい。「くまモン」の場合は、熊本でまずは「種火」をつくり、そこで圧倒的な人気が出てきたのを他の県が見て「面白い」と思ってくれ、次第に広がっていったことが成功のポイントのひとつでした。

観光にしてもまったく同じで、浅く広くＰＲをやるよりは、もっとその地域で狭《せま》く深く始めたほうが、つまり強烈《きょうれつ》な種火をひとつつくったほうが、結果的により浸透していきます。

相手のことをおもんぱかると自分に返ってくる

観光ということで、もうひとつユニークな例を紹介しましょう。

熊本にある「黒川温泉」という温泉場を初めて訪れたときのことです。熊本空港に着くと、温泉宿の人が迎えにきてくれたのですが、車で宿に向かっているあいだに、僕は自分が泊まる宿のことをいろいろと質問しました。

ところが、なぜか明確な返答があまり返ってこない。「自分の宿のことを答えられないなんて、この人だめだなあ」と、僕は心のなかで思っていました。

すると、「お待たせしました。到着です。では、ごゆっくりどうぞ」といって、宿の人に「お客さんがお着きです」とだけ言い残してどこかに帰っていこうとする。どういうことなんだろうと思ってよくよく話を聞いてみると、その人、実は隣《となり》の宿のご主人だったのです。

僕は驚いて、「ええ⁉　ここの人じゃなかったんですか？」とたずねると、「うち、隣なんですよ。今度はうちにも泊まってくださいね」と。そのとき、僕は「すごいなあ」と心底驚きました。

隣の宿のご主人はその日、僕が泊まる宿の人たちが忙《いそが》しそうだったので、代わりに僕を迎えに来てくれたんですね。黒川温泉は、町全体が本当に仲良しなんだというこうとがわかります。普通だったら、あり得ないですよね？　同業のライバル同士なんですから。

では、なぜそれほど仲良しでいられるのでしょうか。

僕なりに考えた結果、まず女の人がしっかりしているということに気づきました。女の人、つまりは女将《おかみ》たちが先頭に立って、みんなバリバリ働いているんですね。その一方で、男たちは女将たちの尻《しり》に敷《し》かれて、のんびり屋さんが多い（笑）。

この黒川温泉は以前衰退《すいたい》していた時期があったようなのですが、そんなピンチのときでも男どもはお構いなし。町内会でソフトボールをしていたようです。

しかし、宿のご主人ばかりが集まっているので、ソフトボールによってとても親密な仲間意識が芽生え、強い団結力が生まれていった。まさに偶然《ぐうぜん》の奇跡《きせき》ですよね。

ふたを開けてみると、女将たちは女将たちで団結し、ご主人たちもご主人たちで団結していた黒川温泉。温泉街の再生に取り組み始めたときも、ものごとを決めるのに時間もかからず、早く改革が進んでいったそうです。

僕が仕事をするときの原動力、それは、「いかに人が喜ぶことを想像できるか」ということ。やはり、相手を「おもんぱかる」ことができるかどうかが重要で、人が喜ぶかどうかというフィルターを通しておくと、最終的に自分のためになることも多いのです。

軒《のき》を連ねる温泉宿にしても、ひとつの宿だけが儲かろうとしたり、ひとりの人がやたら頑張ったりすると、まわりの賛同が得られず何も事が進みません。「みんなで仲良く一緒にやりましょう」「互いに相手が喜ぶことをしましょう」という姿勢のほうがいい。そうしているうちに、観光客から「あ、いいね！」と思ってもらうことができたら、結局はそれが自分たちの幸せにつながっていく。

たとえば、1軒の宿でご飯を食べたら、そこの女将やご主人が、「うちにはバーはないんですけど、どこどこの旅館にいいバーがありますよ」といって連れていってくれる。そうしたことが積み重なって、町おこしがうまくいくし、相手を「おもんぱかる」姿勢が「幸せの連鎖《れんさ》」を生んでいくのです。

もしも失敗や挫折をしてしまったら……

誰もが経験する失敗や挫折。

しかしそれも、ちょっと見方を変えるだけで、意外にも自分の人生が変わるチャンスになることがあります。

わかりやすい例でいえば恋愛もそう。

女の子にフラれたときは、心が張り裂《さ》けそうな思いがして、確かにそれはすごく大きな挫折ではあります。しかし、時にそれが人生の転機になることもある。

僕が高校生のとき、好きだった女の子の実家がお医者さんで、「理系に進めば、彼女とずっと一緒にいられる」と思ったので、「理系を選んで、医者になるしかない！」と心に決めたことがありました。

僕の高校は、1年生のときは普通に学び、2年生になるとクラスが理系・文系に分かれる仕組みになっていました。しかも、A組は私立文系、Bは国立文系、Cは私立理系、Dは国立理系、そしてEは国立理系の優秀クラスというように分けられている。つまり、理系か文系かを選んで、さらに私立か国立かを選ばなければいけなかった。

僕は最初E組の国立理系の優秀クラスに行きたかったのですが、なんとその好きだった女の子にフラれてしまい、「もう、絶対理系は行かない！」と、急遽《きゆうきよ》国立文系のクラスを選ぶことになったのです。

もしも、あのときに、あの恋愛がうまくいっていたら……。

おそらくそのまま理系に進んでいたので、今の仕事をすることはなかったと思います。もちろんお医者さんになれていたかどうかもわかりません。

でも、人生には失敗から生まれた成功というものが、実はたくさんあるということを知っておいてください。

日本を代表する脚本家の倉本聰《くらもとそう》さんから、そういう意味でとても興味深いお話を聞いたことがあります。

倉本さんはかつて、NHKの大河ドラマの脚本を書いていたときに、プロデューサーと大喧嘩《おおげんか》になり、そのままNHKを飛び出してしまったことがあるそうです。

倉本さんは「もうやってられない！　とにかく今すぐ東京から離れよう」と、その足で羽田空港に行き、「どこでもいいからいちばん早い便で遠くに行ける飛行機をお願いします」と言うと、受け取ったその搭乗券《とうじようけん》には「千歳《ちとせ》」と記されていた。

その便に飛び乗り札幌《さつぽろ》に着くと、たまたま知り合った人が富良野《ふらの》という町を紹介してくれました。倉本さんはそこで初めて富良野に出会い、やがてなんとその町に住むようになった。そして富良野を舞台にした名作ドラマ『北の国から』が生まれたというわけなんです。

あるとき、倉本さんと一緒に天草を旅する機会に恵《めぐ》まれたので、思い切って訊いてみました。「もし、あのとき、ＮＨＫの大河ドラマを書き続けていたら、どうなっていたと思いますか？」

すると、倉本さんはこう答えてくれました。「たぶん、今はもう脚本家をやってなかったと思うな。あのときの挫折は本当に今思えば、自分にとっての成功への道しるべだったんだよ」

倉本さんは、そのときに挫折したからこそ、田舎から都会を眺《なが》めることができた。つまり、自分を一度リセットして、現代という時代を見つめ直すことができた。そしてその「現代」を見つめているうちに、そこに向けていろいろな問題提起をする必要を感じて、ドラマを書き続けてきたのです。

愛があるからこそ人は叱る

僕は今、京都で「下鴨茶寮《しもがもさりょう》」という料亭《りょうてい》をやっているのですが、あるお客さんをものすごく怒らせてしまったことがあります。

どうも、宴会《えんかい》のときに人手が足らず、臨時で雇《やと》っていたスタッフがとても失礼な対応をしてしまったのが原因のようで、その人から「憤慨《ふんがい》した」とお叱《しか》りの手紙が届いたのです。

それに対して僕は、調査して判明した原因について丁寧《ていねい》に説明し、「本当に申し訳ありませんでした」とお詫《わ》びしたうえで、「もう一度だけチャンスをいただければと思います。どうか、いま一度お越しいただけないでしょうか」という返事をしました。

このときに僕も改めて学ぶことができたのですが、お客さんが不満を口にしたり、クレームをつけたりするのは、その店のサービスにそれだけ期待を寄せていたからなんです。だから、がっかりもするのです。

そういうお客さんがこちらの悪いところを指摘《してき》してくれなければ、そのまま気づかずに進んでしまいます。実は、これがいちばんまずいことなんです。

叱るということは、そこに愛がある証拠《しょうこ》です。

自分が好きな場所をもっとよくしたい。そのような思いがなければ、お客さんは店を叱ったりしません。確かに叱られているときは嫌《いや》な気持ちになるかもしれませんが、それはそれまで気づいていなかったことに気づかせてもらえるチャンスだと思わなければいけないのです。

そのお客さんは、再び来てくださり、こちらもさいわいサービスを改善することができ、いまではリピーターになってくださっています。

これは家庭でも学校でも、会社でも同じです。

親や先生、上司に叱られるのは期待されているから。

「おまえ、本当はもっとできるはずだろ！」と思われているから叱られる。「おまえなんか、もうどうでもいい」と思われてしまったら、きっと誰も叱ってもくれない。それって、寂《さび》しいですよね。

叱るということは、人間にとって最もエネルギーを使うものなんです。そうでしょう？　叱る本人も嫌な気持ちになるし、もしかしたら相手に恨《うら》まれるかもしれない。できれば何も言いたくないんです。そのほうが楽なんですから。

それでも叱ってくれる人がいる。「うるさいなあ」と思わずに「チャンスだ」と捉えねばなりません。そうして努力をしていけば、その人はやがてあなたにとっていちばんのサポーターになってくれるに違いありません。

お金とは、社会の血液のようなもの

ところで僕は、父親が金融《きんゆう》業をやっていたので、とてもユニークな「お金」の教育を受けてきました。

たとえば、おこづかいを銀行振り込みでもらっていました。

小学校4、5年生のときは毎月600円のおこづかいだったのですが、当時はキャッシュカードで引き出せる金額が1000円からだったので、2か月に1回しかおこづかいを使うことができません。

さらに、「おこづかいは公定歩合《こうていぶあい》（景気に合わせて日銀が金融機関にお金を貸すときの金利）に合わせて上下する」と父親に言われたことも……。

でも、こんな家庭環境が僕にお金と経済の関係を教えてくれたような気がしています。

しかも、うちの親はものすごくケチだった（笑）。

車のガソリンを入れるときでも、1円でも安いガソリンスタンドがあったらそっちに行くような親で、スタンドに入った瞬間、パッと見た反対側のスタンドがリッター1円でも安かったら、「ごめんなさい」とそのスタンドに向かってしまう。なんてひどいんでしょう！

よくよく考えてみると、リッター1円しか違わなかったら、60リッター入れても60円しか得をしない。その60円によってこっちの人は傷つくだろうなと考えるほうが大事なんじゃないの？　子どもながらにそう思ったものです。

僕は、そんな親の習慣を反面教師にして育ったので、「たとえ自分が60円損をしても、相手に気持ちよく仕事をしてもらって、窓をきれいに拭《ふ》いてもらったほうが、実は得なんじゃないかな」と考えるような人間になっていきました。

そもそも、お金って何でしょう？

僕は「社会の血液」のようなものだと思っています。お金が社会の隅々まで行き渡ることによって、全体が元気になり、さらにお金がよりよく回っていく。気持ちよくクリーンにお金を使うことが、健全で豊かな社会の形成につながります。

高校生になればアルバイトができるようになりますね。そこで気になるのは時給でしょう。働き先を時給の高低で決めてしまうことも多いのではないでしょうか。

でも、そのとき考えてほしいのは、「自分のしている仕事が社会に何をどれだけもたらすことができているか」ということです。

自分の存在や、何をしたかによって、どれだけ人の役に立つことができたか、どれだけ社会の役に立つことができたか、あるいは、自分を雇ってくれているところがどれだけ利益を上げることができたか――。そんなふうに、自分の責任の領域を意識できるようになることがとても大切だと思います。

これが大人になり、会社員になったとすれば、会社にこのくらいの利益をもたらしたから、自分はこのくらいの給料を受け取ることができる、という意識につながっていきます。

せっせと働いているように見える働きアリでも、じっくり観察していると、しっかりと働いているのは2割程度だとよく言いますよね。

自分は何ももたらしていないのに、ただ単にいるだけで給料をもらっていないだろうか？　将来、アルバイトをしてお金を稼ぐようになったら、そう意識してみてください。

お金は拍手である

お金は拍手だと思って使うべき……僕はそう考えています。

それはどういうことか。

ふつう僕たちは、お金とは自分が欲しいものを手に入れるための対価として払うもの、そういうふうに考えますね。僕の場合はちょっと違っていて、自分が買おうとしているものへの「感謝の気持ち」としてお金を払う、という発想をしています。

たとえば、本を買うときに、「こんな本が1000円もするのか」と思いながらレジに向かうのと、「この本からきっと多くのことを学ぶことができる。ありがとう！」という気持ちで払うのとでは、同じ1000円でも気持ちよさがまったく違いますよね。逆を言えば、できるだけ後者のような気持ちになれる買い物をするよう心がけるのが大事、ということです。

野菜を買うとしましょう。スーパーで買う場合と、農家のおばあちゃんがやっている八百屋さんで買う場合を比べてみてください。

スーパーでただ陳列されている野菜を選んでレジに持っていくよりも、農家のおばあちゃんから「これ、こうやって食べるとおいしいんだよ」と教えてもらいながら野菜を買うほうが気持ちがいい。農家のおばあちゃんに対しても野菜に対しても、自然と拍手をしたくなってきませんか。

数年前に、『パチパチのほし』という絵本をつくりました。

どんな物語かというと、ある日、宇宙人がやって来て地球を征服《せいふく》しようとします。そしてその宇宙人は地球の人々からお金を取りあげて、その代わりに何かを受け取ったら拍手、つまりは「パチパチ」しなければいけない、という法律をつくるのです。

レストランに入り、お水を出してもらったら、「パチパチ」。料理を食べ終わったら、「ごちそうさま。おいしかった」と言ってはみんなが「パチパチ」。そんなふうにみんなが拍手をし合っている姿を見た宇宙人が「あなたたちは偉《えら》い！」と言って「パチパチ」。

最後には宇宙人が「地球征服中止！」と言って宇宙に帰っていき、地球人がみんなで「やったー！　よかったね」と言って拍手する。そんな絵本です。

実は、この絵本のもととなっているのは、僕が中学生のときに書いた短編小説なんです。それを書いたときの僕は、「お金を必要としないことが、いちばん進化した生き物の社会形態ではないか」ということを考えていたので、そこから着想を得ました。

お金の発明というのは、とてもすごいものだと思います。ただし、最も公平なやり方としてお金が生まれたはずなのに、それが今ではお金によって公平な社会ではなくなってしまったのも事実です。

だからこそ、「お金」のあり方について、一度リセットしてみませんか。

気持ちのいいお金の使い方とは？

ただ安いものを求める買い物はあまり気持ちのよいものではないですよね。
たとえば、ブランド品にしても、とにかく1円でも安い店で買いたいという人もいますよね。人気ブランドのバッグなら、その本店で買うよりも大型量販店で買うほうが安いとか……。

こんなふうに、「同じ商品だったら安いほうがいいに決まっているじゃないか」と考える人もいるでしょう。その一方で、「せっかく高価なものを買うのであれば本店で買ったほうが安心できる」という人もいるでしょう。

僕は、「本店で買ったほうがいい」と考えるタイプです。

なぜなら、「あのブランドのバッグが欲しい。でも、高いからどうしよう？」と悩んだ挙句《あげく》、「よし、やっぱり買おう！」と決めた瞬間から、ワクワクした気持ちが生まれてきます。その高揚《こうよう》した気持ちでお店に行き、絨毯《じゅうたん》を踏みしめれば、さらにワクワク感が募《つの》ります。そして、商品に対する「思い」がある店員さんとやりとりをしながらそれを購入すれば、「ありがとうございました」とすごく感謝される。丁寧に包んでもらった商品を、家に帰って開けるときのドキドキ感……。こういうことを一通り味わうと、「ああ、やっぱり買ってよかった」と思えてきます。

何よりも、気持ちよくお金を払った買い物のほうが、ずっと心に残るものです。もちろん、高価なブランド品に限った話ではありません。自分が気持ちよくお金を払えるような品物は、世の中にたくさんあるはず。日常品であっても、食料品であっても同じことです。

そのようなお金の使い方はヨーロッパの人が上手かもしれません。

僕たち日本人というのは、たとえば10品目欲しいものがあったとしたら、安く売っているところを探してでもその10品すべてを買いたがる傾向があります。ところが、ヨーロッパでは、10品ぜんぶ安いもので買い揃《そろ》えるよりも、誇《ほこ》りを持って、気持ちよく買えるものがそのうち5品であれば、それで満足できる習慣を身につけている気がするのです。

もっと単純な例で考えると、安い乗用車を買うのと、高い自転車を買うのとでは、高い自転車を買ったほうが気持ちいいのではないか。さらに続ければ、せっかく旅に出て1泊5000円の安宿に3泊するのであれば、1万5000円の寝袋《ねぶくろ》を買って野宿したほうが、気持ちのいいお金の使い方かもしれません。

もしも、1万円を無駄遣いできるとしたら……

僕が教授を務めている大学で、アイデア術の授業の一環《いっかん》として、「もしも、1万円を無駄遣《むだづか》いできるとしたら……」という課題を出したことがあります。なんと、いちばん上手な無駄遣いアイデアを出した学生には賞金1万円！　すると、いろんな面白いアイデアが出てきました。

たとえば、「1万円分タクシーに乗ります」と言った学生がいました。行き先は自分で指定するのではありません。運転手さんに、「1万円分乗るので、おまかせで、素敵なところに連れていってください」とお願いするのです。何か新しい発見に満ちたドライブになりそうですよね。

「1万円分のピアノレッスンを受ける」と言った学生もいました。お母さんの誕生日にピアノを弾《ひ》いてお祝いするというのです。それから、1万円分の使い捨てカメラで撮《と》ったおじいちゃんやおばあちゃんの写真の展示会をひらく、高級トイレットペーパーを１万円分買って使う、１万円分の封筒と便せんを買って手紙を書く……などのアイデアがありました。

この課題のねらいは、発想のトレーニングということももちろんあるのですが、それと同時に、「日々のお金の使い方をリセットしてみる」というところにあります。

お金をただ必要なものを買うツールとして捉えるだけではなく、普段なら買わないもの、不要なものをあえて探してみるという心の余裕のなかに、幸せなお金の使い方を見つけられるかもしれない。そうした気づきを体感してもらいたいのです。

必要なものしか買わないというのは、つまらない気がしませんか？　そんなこと言われたってお金に余裕なんてない？　だったら、買い物するときに、「これって、本当に必要なのかな」と自分に問うてみてください。いつも「買うのがあたり前になっているもの」も、よくよく考えたら実は買わなくても済むものかもしれませんよ。

クリスマスにプレゼント交換をしますよね。それぞれプレゼントを持ち寄って、交換し合う。欲しくないものがまわってくる可能性もあるけど、自分では絶対買わないけどもらうと嬉《うれ》しいものがあったりする。あのワクワク感は、お金の使い方をリセットするうえでとっても参考になります。

たとえば、毎月1回、自分で自分にプレゼント交換するつもりで、普段は絶対に買わない何かをあえて買ってみる。あなたのなかで何かが変わるかもしれません。

第4章
あたり前の「生きる」をリセットする！

もしも、人が永遠に死ななかったら……

僕たちのいのちに限りがあるということには、とても重要な意味があります。限りがあるということは、やはりそれだけ特別な価値があるということですから。

では、人間が永遠のいのちを手に入れたらどうなるでしょう?

きっと多くの人が、「永遠に生きることができるなら、それほど嬉しいことはない」と思うかもしれませんね。

でも、僕はそう思いません。

まず考えられるのは、いろいろなことが乱暴になってしまうだろうな、ということ。

車の運転にしても、「安全運転」という意識がなくなり、食べ物にしても「ちょっとくらい腐《くさ》っていても関係ない」というように、世の中がどんどん乱れていってしまう。

また、僕たちのいのちに限りがなかったら、きっと「悲しい」とか「楽しい」という感情も消えてしまうのではないでしょうか。

たとえば、女の子にフラれたとしても、「長く生きてりゃ、いつかは付き合えるだろう」と思ったりして。それによって、楽しいと思えることも少なくなってしまうような気がします。やはり条件として、「人はいつか死ぬ」ということは、生きていくうえできわめて重要なことなのだと思います。

僕の祖母はまだ元気ですが、彼女が60代だった頃、「おばあちゃんがそのうち死んでしまう」と考えるだけでも悲しい気持ちになったものです。

僕は『おくりびと』という映画もつくっていますが、常日頃思っているのは、「いのちとは、生きることのバトンタッチ」だということです。

いのちというのはどの時代でも絶えず、新しく生まれてきます。皮膚《ひふ》のようにその時代その時代を包み込む新しいいのちたちが、それぞれの歴史をつくり、世の中は成り立ってきました。

だから今、自分が生きているということは、前の時代の人からバトンを渡されているからであって、そのバトンを持っているあいだは、一所懸命走ってみるしかありません。

「もう無理だ。もう俺は走れないよ」となったら、次の人にバトンを渡す……。そういうふうに、いのちというものはめぐっている。

これは誰がなんと言おうとどうしようもない「究極の平等」だと、ある納棺師《のうかんし》の方も言っていました。

どんなお金持ちもどんな貧乏人《びんぼうにん》も、偉い人も悪人も、生まれてきた以上は死んでいく。確かにこれほど平等なことはありませんよね。

いのちを粗末にすることはカッコ悪い

世の中には、生まれることすらできなかったいのちや、生きたいのに生きられなかったいのちがあります。それを考えると、本当は生まれてくることができただけでも幸せなのかもしれません。

そのようななかで、自らいのちを粗末《そまつ》にしてしまうことのもったいなさ、愚《おろ》かさは、本当に何とかできないものかと思っています。

いま、自らいのちを絶ってしまう人がたくさんいます。国もそうですが、僕たち一人ひとりがその対策を真剣に考えなければいけない。いじめ自殺のニュースに接するたびに、胸が苦しくなります。

でも、そうしたニュースを聞いて、いちばんいけないのは「同情する」という気持ちなのでないかと僕は思っています。

「自殺した子はかわいそう」、あるいは「いじめられてかわいそうだった」と同情をして、「悲劇のヒーロー／ヒロイン」に周囲がしてしまうこと。この考え方をリセットしたいと思っています。

いじめられて自殺してしまった子が英雄になり、いじめた子がただの悪者で終わってしまったら……。いつまで経っても弱い者が考える復讐《ふくしゅう》の仕方として、「自らいのちを絶つ」という方法が、相手を懲《こ》らしめるのにいちばん有効だということになってしまう。

それを断ち切るためには、「いのちを粗末にしてしまうことはカッコ悪いことなんだ」という社会の風潮をつくっていく必要があります。「自ら死ぬとはなんて愚かなことなんだろう」という教育もしていかなければなりません。

そして、生きること、生き続けることの可能性に気づいてもらいたい。

確かに、人生とは苦難の連続でもあるし、誰だって現実逃避《とうひ》をしたいと思ったことがあるはずです。

そんなとき、たったひとつの言葉に助けられることもあります。ちょっとした言葉が支えになるのであれば、いかにいろいろな人の言葉に出会えるか、ということが大きな意味を持ちます。そのことをできる限り伝えていきたいと思っています。さまざまな言葉に出会う、その積み重ねがいつか、生きるための道しるべになるかもしれないのですから。

いのちをつなぐ言葉の力

僕は以前、東日本大震災の被災者の方たちと一緒に、その人たちが前を向こうと思えるきっかけになった言葉や、自分が心のなかに温めている言葉を募集して、日めくりカレンダーをつくりました。

その言葉を読んで東北の人たちの思いを感じとってもらい、受け取った人が前を向きたくなるきっかけになれば、という想いが込められています。震災で被害を受けたわけではないけれど、何かに悩んでいたり、くよくよしていた人が、「そうか、あれだけの震災で被害にあった人たちがこういうふうに考えているんだったら、自分も頑張らないと」と思って元気になれるような言葉たちです。

一方で、カレンダーを使う人だけでなく、カレンダーに言葉を寄せた東北の人たちにも元気になってもらいたい、というねらいがありました。

被災地の方たちは、今までずっと支援を受け続けてきた、「人に頼る側」でした。でも、このカレンダーによって、「自分の言葉が誰かの力になるかもしれない」という気持ちが生まれます。

実は、あの震災の影響で、僕の友人が自己破産してしまいました。

その友人は、中国や韓国でオンエアする日本の紹介番組をつくっていたのですが、震災のあと観光客が減ってしまったことで、彼がつくっていた番組が打ち切られ、いきなり仕事がなくなってしまった。それが原因で自己破産し、一時は自殺も考えたそうです。

そのときに、僕が贈《おく》ったこのカレンダーがふと目に入り、読んでいくうちに「このくらいのことで死のうだなんて、本当に自分が情けない」と思えてきたそうです。

そのあと彼に会ったときに「このカレンダーのおかげで人生をやり直す勇気が持てた」と言われました。彼が持っていたカレンダーは、たくさんのページが涙でしわしわになっていました。「やっぱりこのカレンダーをつくってよかった」。僕は改めてそう思うことができました。その彼は今、タイで元気に仕事をしています。

ときに言葉は、人生をも変えてしまう

もうひとつ、「言葉の力って大きいな」と思ったエピソードをご紹介します。

僕が大学時代に付き合っていた女の子の弟が、出版社で編集の仕事をやっていて、彼と僕とはいまだに付き合いが続いています。

あるとき、彼が僕に泣き言を言ってきたことがありました。

よくよく話を聞いてみると、編集部から営業部に異動になるということで、編集一筋だった彼は、「もういやだ！」と繰り返すばかりだったので、僕は彼に「これもいつかきっと、楽しい思い出になるはず」と、メールを送ったのです。

しばらくすると、彼から、「小山さんの言葉に幾度《いくど》となく助けられました。かけ

がえのない人からの言葉って、時としてすごいパワーを生むものですね。ありがとうございました」という返信がきました。

僕がさらに、「あまり大きな夢を掴《つか》もうとするのではなく、身近なところのささやかなヒントを見つけるといいかも」と返すと、「この言葉を忘れずに頑張ります。ありがとうございます！」と彼。今では営業で頑張っているようです。

ときに言葉って、その人を前向きな気持ちにするだけではなく、人生をも変えてしまうくらいの力があると僕は思っています。

ただし、そうした言葉を無理矢理に見つけることはなく、「いつかそういう言葉に出会うんだ」という思いで、いろんな人の言葉を自分の内に蓄えていくことが大切です。

今は何とも思わない言葉でも、そのときの感情や、出会ったタイミングによって心に響く言葉に変化していくこともあります。それが言葉の魅力のひとつでもあります。

それは街に流れている歌の歌詞の一節かもしれないですし、読み返した本の一行かもしれない。

きっと「いのち」という大切な宝物さえ持っていれば、素敵な言葉に出会えた分だけ、これからの人生で辛《つら》く大変なことでも乗り切れるはずです。

もしも、人生最後の日を迎えるとしたら……

本音を言えば、自分の余命については誰しもあまり考えたくはないでしょう。でも、いのちというものは無限ではない。だからこそ、僕たちには生きている1日1日を大切にしなくてはいけない使命がある。

そして、やがて訪れる「死」。

僕は、人生最後の企画とも言うべき自分のお葬式《そうしき》を、完璧《かんぺき》なものにしたいと思っています。

たとえば、人を泣かせる映画の脚本を書こうと思うと、ハードルはとても高いですよね。でも、自分は死んでいるのですからある程度の涙は保証されるはず。それを軸《じく》として、さらに泣かせるにはどのような演出をしたらよいかと考えてみると、僕はワクワクしてきます。

まさに体を張った人生最後の企画になるわけですから、自分の人生最高の作品にしたいのです。

映画を撮って初めて知った不思議な誕生日

僕は数年前から、京都の「八瀬《やせ》」を舞台にしたドキュメンタリー映画を準備しています。

この八瀬という場所で活動した「八瀬童子《やせどうじ》」という村落共同体の人々のドキュメンタリー映画です。

そもそも、八瀬童子という人々の説明が必要ですね。延元元年（1336年）、京を脱出した後醍醐《ごだいご》天皇が比叡山《ひえいざん》からふもとの村に逃げ込んだときに、後醍醐天皇をかくまった村人たちが、この八瀬に住む人々だったのです。

それをきっかけに天皇家とその村の八瀬童子がものすごく近しい関係になっていき、昭和20年代までおよそ700年にわたり、その村の人たちは租税《そぜい》を払うことなく暮らしてきたという話があります。

天皇家は天皇が変わるたびに、その村の住人は租税を納める必要がないという書簡を出していて、それはすべて、村の公民館に保管されていました。その書簡のなかには織田信長の直筆も残っているとのことです。

書簡をその村では数年に一回、虫が食わないように陰干《かげぼ》しをしていたのですが、最近になって国の重要文化財に指定され、今では博物館に展示されています。

八瀬童子はかつて、ある特別な役割を担っていました。

それは、天皇の棺《ひつぎ》を担《かつ》ぐことでした。「大喪《たいそう》の礼《れい》」という儀式があり、そのときに棺を担ぐ役割を果たすのが八瀬の人々だったのです。

昭和天皇が危篤《きとく》のとき、複数のメディアが八瀬へ取材に行き、彼らの動向が注目を浴びたことがあります。そこで僕もこの八瀬という村に興味を持ちました。

この村には、古くから伝わる不思議なお祭りがあります。

たとえば、「赦免地踊《しゃめんちおどり》」*9というお祭り。八瀬の人々が、年貢諸役免除を祝うために始めたお祭りと言われています。中心となるのが、夜に披露される踊り。数え年*10で14歳になる男の子たちが頭に灯籠《とうろう》を載せ、女装をして踊り、神社に奉納します。

「数え年」による年齢《ねんれい》の算出を八瀬の人々はしていて、「どうして未だに数え年を採用しているんだろう?」と不思議に思っていたのですが、この長く受け継がれている、伝統的なお祭りが関係しているのだと知って納得しました。

さらに年齢や誕生日について調べてみると、日本人が今のように「誕生日」を祝う習慣が定着してきたのは、なんと戦後のことだとか。映画の撮影を通して、様々な誕生日やその歴史について、知ることができました。

＊9　赦免地踊　年貢諸役免除を祝うために始まった祭礼。近年までは10月10日の祝日が祭礼日だったが、祝日が年ごとに変動するようになったため、10日に近い日曜日に行われるようになった。女装し、頭に灯籠を載せた男の子は「灯籠着（とろぎ）」と呼ばれる。

＊10　数え年　かつて日本は誕生日ではなく、お正月を迎えると1歳加算する年齢の数え方をしていた。生まれた時点の年齢を1歳と数えたので、たとえば12月31日に生まれると、翌日の1月1日はもう2歳になる。現在の日本では誕生日を迎えると加算される「満年齢」が一般的。

「誕生日おめでとう」から「誕生日ありがとう」へ

僕にとって誕生日というのは、「いろんな人をワクワクさせる日」です。それは自分自身がワクワクするということもそうですし、誰かに何かをしようというきっかけが生まれる絶好のタイミングであることも理由のひとつです。

僕の企画の原点は、自分の誕生会でした。

小学生のとき、曽我くんという同級生がいました。曽我くんは僕と同じ6月23日生まれ。しかも、お母さんが同じ美容師ということもあって、何となくライバル意識が芽生えていました。

そこで、誕生日当日にどちらが誕生会にたくさん人を呼べるか、競争をするような雰囲気になるんですね。そのとき、1人でも多くの友だちを呼びたいという思いから、どうやったらみんなが僕のほうに来てくれるのか、真剣に考えました。それが、僕の企画の原点だったのです。

ジュースはバヤリースのオレンジにしようとか、当時僕が大好きだった「大富士」というとんかつ屋さんのカツカレーを出そうとか、そういうことをいちいち考えて、戦略を練っていました。自分の誕生日を自らが人をもてなして祝う。ちょっとおかしな話かもしれませんが……。

でも、僕はそれでいいような気がします。

誕生日に祝ってくれる人がいたら、逆に自分は祝われたことに対して感謝しなければいけないと思うからです。「この世に生んでくれてありがとう」と、お母さんやご先祖様へ感謝するのと同じように。

友人や好きな人たちを集めて、「感謝」をメインにしながら誕生日を祝う……そんな誕生日のかたちがあってもいいと、僕は考えています。

つまり、「誕生日おめでとう」と言われたときに、「ありがとう」と応えますよね。その「ありがとう」を、自分を支えてくれる人への「ありがとう」に変換してみる。まさに、あたり前の誕生日をリセットするということです。

「誕生日おめでとう」ではなくて「誕生日ありがとう」。

僕は、この誕生日のかたちを少しずつ定着させていきたいと思っています。

企画とはバースデー・プレゼントである

企画とは何か、ということを教えるとき、僕はいつも「企画とはバースデー・プレゼントである」と言います。

簡単に言うと、まわりの人の誕生日をどのようにお祝いし、喜ばせられるか考えることは、最も手っ取り早い企画の練習方法だということです。

まずは、自分にとって最も身近な存在である家族の誕生日から始めてもいいですね。

そのとき何をするかが重要なポイントになってくるわけですが、ただ単にプレゼントを贈るだけではなく、そのプレゼントが持っているストーリーや、もらった人が何をしたら喜ぶのかを考えてみる。その過程が企画力の筋肉を鍛えるための訓練になります。

まずは最初の練習として、主役となる誰かひとりを設定し、その人を観察するところからその企画は始まります。

たとえ身近なお父さんやお母さんであっても、実は意外と知らない一面があるものです。たとえば、どうやってふたりが出会ったのかなど、そういうことでも構いません。とにかく、「今まで聞いたこともなかったな」という質問をしてみる。よく遊んでいる友だちにしても、あいつはどういうことが好きで、どんな暮らしをしているんだろう……なんて、リサーチをしていきます。

そして、その次にその人を喜ばせるタイミングを計る。これがなかなか難しいんです。

どのタイミングでプレゼントを渡すといいのか、どういうときにひとりきりになるのかなど、観察をして、プレゼントを渡すタイミングを見極めていく。

そして最後に、その人に何をあげれば喜ぶのかを考えてみる。

この3ステップによって、今までみたいに「あの人は誕生日だからとりあえず自分の好きなこれをあげよう」などではない、相手のことをおもんぱかり、考え抜いた「ひとつ上のバースデー・プレゼント」を贈ることができるはずです。

誕生日を「始まりの日」に設定してみる

誕生日は、人生のひとつの区切りと言えます。

単にお祝いするだけではなく、誕生日をきっかけにして、これまで自分のなかで固定してしまっていた考え方をリセットしてみる。そんな発想を持ってみるのはいかがでしょうか。

たとえば、誕生日を機に日記をつけてみようとか、新しく勉強を始めてみようとか。

もちろん、好きなことや趣味でもいいわけです。新しいものを買うのもいいですし、カメラを始めよう、1日1枚絵を描いてみようでもいい。つまり、誕生日を何かの「始まりの日」、一種のターニング・ポイントに設定してみよう、ということです。

新しい年の幕開けである1月1日は、何かを始めたい気分になりますよね。それは、まっさらなところに足跡《あしあと》をつけていくような清々《すがすが》しさが、気持ちを盛り上げてくれるからでしょう。

それがもう一度、誕生日を境にしてあってもいいと僕は思うのです。区切りである1月1日に実行できなかったことに、もう1回リセットする気持ちで臨むとしたら、それは誕生日が絶好のタイミングなのではないでしょうか。

サプライズとドッキリの大きな違い

僕は人を喜ばせる「サプライズ」が大好きです。

よく「サプライズとドッキリの違いって何ですか？」と質問をされます。やり方によっては、「サプライズ」と「ドッキリ」が混合してしまうことがあります。これには気をつけなければいけません。

ドッキリというのは、ただ相手を外的に驚かすことが目的です。お化け屋敷《やしき》のような、反応を楽しむアトラクションに近い。

サプライズでは単に驚かすことではなく、その人の心をいかに揺さぶることができるか、というのが重要なポイントであり、醍醐味であるのです。

これまで仕掛けたサプライズでいちばん好きなのは、「ぱんこサプライズ」というもの。

以前、僕の会社には「ぱんこ」というあだ名の秘書がいたのですが、彼女が会社を辞めるときに、あるサプライズを仕掛けました。

そのサプライズの目的は、彼女に対して「キミが辞めても、僕たちはいつもキミのことを忘れないよ」という気持ちを伝えるためのもの。その方法をすごく考えました。

そこで思いついたのは、町にあるいろいろなハンコ屋さんの看板にある「ハンコ」という文字の「ハ」の字に、手作りの丸い輪っかをつけて、「パンコ」に替えるというアイデアです。街中に「パンコ」をつくっていく様子を撮影して、それをぱんこに見せる。「何だ、ただのダジャレじゃん」って思うかもしれませんね。

でも、このサプライズの何が素晴らしいかというと、今でも街を歩いていてハンコ屋を見つけたときに「やった！」という気持ちになれること。そして、ハンコ屋さんを見かけるたびに、僕たちはぱんこのことを思い出すことができるのです。

知らない人にとっては、何の価値もないただのハンコ屋さんの看板。でも、僕はそういうサプライズをやったことによって、ハンコ屋さんを「魔法のメガネ」をかけて見ている気分になれる。「ハンコ」というなんでもない看板が、四つ葉のクローバーのような価値あるものに変わってみえる。

そういうものを自分のまわりにたくさんつくることができたら、何だか素敵だと思いませんか？

何気ない日常の風景が、自分のなかの意識を少し変えただけでいつもと違って見える。あるいはそこに、特別な価値を持たせることができる。

これが、サプライズが持っている「リセット力」なんです。

憂うつな月曜日には、自分にとってのご褒美を

誕生日や記念日以外でも、もちろん土・日のお休みは気持ちがワクワクしますよね。

でも、月曜日が来ると、何かちょっと憂うつになる。「ブルーマンデー・フィーリング」という言葉があるように。

でも僕は、少し考え方を変えるだけで、その憂うつな気持ちを切り替えられるのではないかと思っています。

僕の家は美容室を営んでいて、休業日は月曜日でした。

だから、月曜日はすごく忙しい両親が必ず家にいる日だったので、僕にとってはすごく幸せな「ご褒美の日」だったのです。まあ、これは特殊《とくしゅ》なケースですが、そんなふうに自分にとってのご褒美をつくっていけるようになると、月曜日を楽しい日に変えることができるのではないでしょうか。

たとえば、自分の楽しみにしているテレビ番組が放送される、なんてことでもいいですよね。今で言ったら「月9」だとか。あるいは、『少年ジャンプ』の発売日がご褒美の日でもいいわけです。

僕が大学生の頃、授業で先生が、ある面白いことを言っていました。

それは、『水戸黄門』や『大岡越前』という時代劇は、やっぱり月曜日に観たくなるドラマであるということ。なぜなら、勧善懲悪《かんぜんちょうあく》の正義感溢《あふ》れる番組は日曜日というひとつのお祭りが終わったあと、気持ちを新たにリセットして「今週もまじめに頑張ろう」という気分を後押《あとお》ししてくれる効果があるため、だそうです。

そして週末は、正義というよりはもう少し砕《くだ》けてるような、たとえば『太陽にほえろ！』のような刑事モノやお笑いモノといった番組が人の心理としては合っているようですね。きっと、これから訪れる楽しみを後押ししてくれるからなのでしょう。

もちろん言うまでもありませんが、自分にとってのご褒美の日は、僕がかつてそうだったように月曜日じゃなくてもいいんです。

普段、何気なく過ごしている日々のなかで、どこかにひとつ自分へのご褒美の日をつくってみる。それが、「あたり前」の日常をリセットすることにつながります。

おわりに

皆さんは、どんな夢を持っていますか？　将来こんな仕事に就きたい。いつかこんな国に行ってみたい。こんなものを手に入れたい。自分なりの夢を持つ、いや持てるということ自体、実はとても素晴らしいことなのです。今から150年ほど前まで、夢という漢字には「睡眠《すいみん》中の幻覚《げんかく》体験」という意味しかありませんでした。江戸時代が終わり、西洋の文化が入って来たとき、英語の「dream」に「いつか実現させたい自分の理想」という意味があることが分かり、日本語の「夢」にも同様の意味が追加されました。つまりそれまで、一般庶民《しょみん》は自分の夢を持つこともなく人生を終えていたのかもしれません。そう考えると、自由に夢を抱き、努力次第でそれを叶《かな》えられる現代は何と素敵な世の中でしょう。

自分の夢を叶えるための最大の武器は何だと思いますか？　それは、若さです。

無限の希望を貯《た》めることのできる若さ。何度でも挑戦し、そして失敗できる若さ。どんなに偉い人でも、どんなに裕福な人でも、新しい若さを手に入れることはできません。そんな価値ある財産を皆さんは持っているのです。

人の身体のなかにバケツがあるとしましょう。経験したことや学んだ知識を貯めておくことができるバケツです。若いということはそのバケツが大きいということ。そして貯まるペースが速いということです。満杯になったバケツにいくら新しい水を注いでも、全部こぼれてしまいます。そういうときは一旦バケツを空にすればいい。若いからすぐにまた新しい水が貯まります。このバケツを空にする、という作業も「リセット発想術」のひとつです。

一度バケツに貯めた経験や知識は、その大切な成分だけが本能的に身体の芯《しん》まで沁《し》み込んでいくので空っぽにしてしまっても大丈夫。けれども、年を重ねるほどに、空にすることが怖くなるのです。捨てることが億劫《おっくう》になるのです。

やる気が湧かなかったり、何をやっても楽しいと感じないのなら、それはバケツが満杯になっている証拠、リセットのサインです。

夢を抱けることに喜びを感じながら、充実した毎日を過ごしてください。一度きりの人生を楽しく生きてください。この本が皆さんの人生のささやかな分岐点《ぶんきてん》になったとしたら、僕は本当に幸せです。

還暦近くになってもバケツを空にする勇気のある大人　小山薫堂

本書は、２０１４年6月、小社より刊行された、
『じぶんリセット――つまらない大人にならないために』
（「14歳の世渡り術」シリーズ）を、改題のうえ、文庫化したものです。

企画・編集協力　神原博之（K.EDIT）

リセット発想術《はっそうじゅつ》

常識《じょうしき》のほぐし方《かた》

二〇二二年 七 月一〇日　初版印刷
二〇二二年 七 月二〇日　初版発行

著　者　小山薫堂《こやまくんどう》
発行者　小野寺優
発行所　株式会社河出書房新社
〒一五一―〇〇五一
東京都渋谷区千駄ヶ谷二―三二―二
電話〇三―三四〇四―八六一一（編集）
〇三―三四〇四―一二〇一（営業）
https://www.kawade.co.jp/

ロゴ・表紙デザイン　粟津潔
本文フォーマット　佐々木暁
本文組版　KAWADE DTP WORKS
印刷・製本　中央精版印刷株式会社

Printed in Japan　ISBN978-4-309-41904-6

本を読むということ

永江朗　41421-8

探さなくていい、バラバラにしていい、忘れていい、歯磨きしながら読んでもいい……本読みのプロが、本とうまく付き合い、手なずけるコツを大公開。すべての本好きとその予備軍に送る「本・入門」。

はじめての聖書

橋爪大三郎　41531-4

羊、クリスマス、十字架、ノア、モーセ、イエス、罪、愛、最後の審判……聖書の重要ポイントをきわめて平易に説き直す。世界標準の基礎知識への道案内。ほんものの聖書を読むための「予告編」。

戦後史入門

成田龍一　41382-2

「戦後」を学ぶには、まずこの一冊から！　占領、55年体制、高度経済成長、バブル、沖縄や在日コリアンから見た戦後、そして今――これだけは知っておきたい重要ポイントがわかる新しい歴史入門。

世界一やさしい精神科の本

斎藤環／山登敬之　41287-0

ひきこもり、発達障害、トラウマ、拒食症、うつ……心のケアの第一歩に、悩み相談の手引きに、そしてなにより、自分自身を知るために――。一家に一冊、はじめての「使える精神医学」。

教科書では教えてくれない　ゆかいな日本語

今野真二　41653-3

日本語は単なるコミュニケーションの道具ではない。日本人はずっと日本語で遊んできたと言ってもよい。遊び心に満ちた、その豊かな世界を平易に解説。笑って読めて、ためになる日本語教室、開講。

自分はバカかもしれないと思ったときに読む本

竹内薫　41371-6

バカがいるのではない、バカはつくられるのだ！　人気サイエンス作家が、バカをこじらせないための秘訣を伝授。学生にも社会人にも効果テキメン！　カタいアタマをときほぐす、やわらか思考問題付き。

人生に必要な知恵はすべて幼稚園の砂場で学んだ

ロバート・フルガム　池央耿〔訳〕　46421-3

生きるのに必要な知恵とユーモア。深い味わいの永遠のロングセラー。"フルガム現象"として全米の学校、企業、政界、マスコミで大ブームを起こした珠玉のエッセイ集、決定版！

FBI捜査官が教える「しぐさ」の心理学

ジョー・ナヴァロ／マーヴィン・カーリンズ　西田美緒子〔訳〕　46380-3

体の中で一番正直なのは、顔ではなく脚と足だった！「人間ウソ発見器」の異名をとる元敏腕FBI捜査官が、人々が見落としている感情や考えを表すしぐさの意味とそのメカニズムを徹底的に解き明かす。

本当の自分とつながる瞑想

山下良道　41747-9

心に次々と湧く怒り、悲しみ、不安…。その苦しみから自由になり、「本当の自分」と出会うための瞑想。過去や未来へ飛び回るネガティブな思考を手放し、「今」を生きるための方法。宮崎哲弥氏・推薦。

悩まない　禅の作法

枡野俊明　41655-7

頭の雑音が、ぴたりと止む。ブレない心をつくる三十八の禅の習慣。悩みに振り回されず、幸せに生きるための禅の智慧を紹介。誰でもできる坐禅の組み方、役立つケーススタディも収録。

すごい片づけ

はづき虹映　41641-0

ガラクタを積んだ場所に、あなたの才能が隠れている！　人気の数秘術をもとに、九つの場所別に片づけられない理由、才能を開花させ幸せに生きる秘訣を説く。片づけの悩みを根本解決する本！

怒り　心の炎を静める知恵

ティク・ナット・ハン　岡田直子〔訳〕　46746-7

怒りは除去すべきものではなく、思いやりと幸福に変えられるもの――ブッダの根本思想を実践的に説くベストセラー。歩く瞑想、呼吸法など、重要なポイントをわかりやすく説明した名著。

結果を出せる人になる!「すぐやる脳」のつくり方

茂木健一郎　41708-0

一瞬で最良の決断をし、トップスピードで行動に移すには“すぐやる脳”が必要だ。「課題変換」「脳内ダイエット」など31のポイントで、“ぐずぐず脳”が劇的に変わる！　ベストセラーがついに文庫化！

直感力を高める　数学脳のつくりかた

バーバラ・オークリー　沼尻由起子〔訳〕　46719-1

脳はすごい能力を秘めている！　「長時間学習は逆効果」「視覚化して覚える」「運動と睡眠を活用する」等々、苦手な数学を克服した工学教授が科学的に明らかにする、最も簡単で効果的かつ楽しい学習法！

脳科学者の母が、認知症になる

恩蔵絢子　41858-2

記憶を失っていく母親の日常生活を２年半にわたり記録し、脳科学から考察。アルツハイマー病になっても最後まで失われることのない脳の能力に迫る。NHK「クローズアップ現代」など各メディアで話題！

脳にはバグがひそんでる

ディーン・ブオノマーノ　柴田裕之〔訳〕　46732-0

計算が苦手、人の名前が思い出せない、不合理な判断をする、宣伝にだまされる……驚異的な高機能の裏であきれるほど多くの欠陥を抱える脳。日常や実験のエピソードを交え、そのしくみと限界を平易に解説。

快感回路

デイヴィッド・J・リンデン　岩坂彰〔訳〕　46398-8

セックス、薬物、アルコール、高カロリー食、ギャンブル、慈善活動……数々の実験とエピソードを交えつつ、快感と依存のしくみを解明。最新科学でここまでわかった、なぜ私たちはあれにハマるのか？

脳はいいかげんにできている

デイヴィッド・J・リンデン　夏目大〔訳〕　46443-5

脳はその場しのぎの、場当たり的な進化によってもたらされた！　性格や知能は氏か育ちか、男女の脳の違いとは何か、などの身近な疑問を説明し、脳にまつわる常識を覆す！　東京大学教授池谷裕二さん推薦！